MELANIE MCNEICE

TRAG MICH!

Lieblingstaschen selbst genäht

MELANIE MCNEICE

TRAG MICH!

Lieblingstaschen selbst genäht

INHALT

HALLO!

Es hat mir riesigen Spaß gemacht, diese Kollektion trendiger und witziger Taschen für alle Zwecke und Gelegenheiten zu entwickeln.

Mein erster Entwurf für eine Handtasche entstand 2006. Seitdem habe ich Taschen in immer anderen Formen und spannenden Stoffkombinationen entworfen. In Bezug auf das Nähen waren Taschen meine „erste große Liebe".

Es ist mir eine besondere Freude, nun eine Kollektion von zwölf unterschiedlichen Modellen in einem Buch vorzustellen: kleine und große, festliche und praktische. Manche Modelle gelingen ohne große Vorkenntnisse, andere sind etwas anspruchsvoller. Der Schwierigkeitsgrad ist zu Beginn jeder Anleitung angegeben und anhand der Anzahl der -Symbole auf einen Blick zu erkennen (eins für Einsteiger, fünf für Versierte). Auf dem Schnittmusterbogen hinten im Buch sind alle Vorlagen in Originalgröße abgedruckt.

Selbst wer wenig Erfahrung hat, kann sich – mit etwas Geduld und Lust auf eine Herausforderung – durchaus an jedes Projekt in diesem Buch wagen. Lassen Sie sich von Techniken, die Ihnen fremd sind, nicht abschrecken. Die meisten sind einfacher als gedacht. Alle werden im Technikkapitel am Ende des Buches ausführlich erklärt. Und wer sie einmal beherrscht, wird sie immer wieder anwenden, vielleicht für das Lieblingsmodell aus diesem Buch oder sogar für eine eigene Idee?

Melly x

WERKZEUG & MATERIAL

Grundausstattung

Die folgenden Utensilien brauchen Sie zum Anfertigen der Taschen in diesem Buch. Die meisten haben Sie wahrscheinlich in Ihrem Nähkasten. Sparen Sie beim Werkzeug nicht an der Qualität.

1. TRANSPARENTPAPIER ODER SCHABLONENKUNSTSTOFF

Zum Kopieren des Schnittmusters (siehe Schnittmusterbogen) empfehle ich diese Produkte, weil sie transparent sind und so der Stoff gut zu erkennen ist. Das erleichtert die Platzierung des Schnittmusters auf dem Stoff. Zum Durchpausen einfach einen Bleistift oder einen dünnen Permanentmarker verwenden.

2. TEXTILSTIFTE

Zum Anzeichnen von Markierungen auf dem Stoff gibt es im Fachhandel verschiedene Stifte und Kreiden. Am besten eignen sich selbstlöschende Textilstifte oder Schneiderkreiden, die keine dauerhaften Spuren auf dem Stoff hinterlassen. Alternativ können Sie Markierungen dünn mit Bleistift anzeichnen.

3. ROLLSCHNEIDER, SCHNEIDEMATTE UND LINEAL

Diese Werkzeuge sind ungemein praktisch, um Streifen und Quadrate zügig und akkurat zuzuschneiden. Ersatzweise können Sie Maßband, Lineal und Schneiderschere verwenden.

4. SCHNEIDERSCHERE

Leisten Sie sich unbedingt eine hochwertige Schere, denn damit gelingt der Zuschnitt leicht und exakt. Verwenden Sie die Schneiderschere nur für Stoff, aber niemals für Papier (dadurch wird sie schnell stumpf). Zusätzlich brauchen Sie eine kleine Handarbeitsschere zum Abschneiden von Fäden.

5. NÄHGARN

Entscheiden Sie selbst, ob Sie lieber mit Garn aus Baumwolle oder Polyester nähen. Für Taschen verwende ich meistens Polyestergarn, weil es etwas haltbarer ist. Sie benötigen auf jeden Fall Garn in Schwarz, Weiß, Rot und einer neutralen Farbe, besser ist natürlich eine größere Farbauswahl. Meist wird Garn im Farbton des jeweiligen Stoffs verwendet, aber manchmal sieht auch eine kontrastfarbene Stepperei schön aus.

6. NÄHMASCHINENNADELN

Bei den Projekten in diesem Buch nähen Sie viele verschiedene Materialstärken, darum brauchen Sie einen Vorrat von Universal-Maschinennadeln in den Stärken 70, 80, 90 und 100. Scheuen Sie nicht die Mühe, die Nadeln auszuwechseln, denn nur mit der richtigen Nadel erhalten Sie – je nach Materialstärke – ein optimales Ergebnis. Bei manchen Modellen kann es erforderlich sein, mit verschiedenen Nadelstärken zu arbeiten.

7. NÄHNADEL ZUM NÄHEN MIT DER HAND

Weil hier und da auch von Hand genäht werden muss, sollten Sie eine gute, spitze Nähnadel greifbar haben. Praktisch ist auch eine Sticknadel in der Stärke 10 (mit Spitze).

2
3
4
5
6
1
7

Materialien für Taschen

Für die Projekte in diesem Buch kommen viele verschiedene Stoffe, Kurzwaren und sonstiges Zubehör zum Einsatz. Kaufen Sie die Utensilien in Ruhe ein, denn das Ergebnis steht und fällt mit dem Stoff und den praktischen oder dekorativen Details. Handarbeitsgeschäfte können nur ein relativ begrenztes Angebot an Kurzwaren und Zubehör auf Lager haben, schauen Sie sich darum auch bei Online-Anbietern nach Materialien um, die den Wow-Faktor Ihrer Modelle steigern.

STOFFE & KURZWAREN

1. STOFF

Ich arbeite am liebsten mit Patchwork- und Dekostoffen aus reiner Baumwolle. Für größere Taschen empfehlen sich mittlere bis schwere Dekostoffe, weil sie stabil und strapazierfähig sind und dafür sorgen, dass die Tasche die Form gut hält. Sie können dafür aber auch Patchworkstoffe oder andere Stoffqualitäten verwenden, müssen aber damit rechnen, dass das Ergebnis dann etwas anders ausfällt.

2. VLIESEINLAGEN ZUM AUFBÜGELN

Für alle meine Projekte verwende ich ein dünnes Volumenvlies zum Aufbügeln. Es ist auf einer Seite mit einem Klebstoff beschichtet, der beim Bügeln durch die Hitze schmilzt und am Stoff haftet. Das Vlies gibt dem Stoff eine dichte, weiche Struktur. Ich versehe Oberstoff und Futter mit Vlies, damit beide die gleiche Festigkeit und Struktur erhalten. Wer möchte, kann auch ein dickeres Volumenvlies verwenden und nur auf den Oberstoff bügeln. Bei einigen Projekten kommen auch andere Einlagematerialien aus dem Schneidereibedarf (feste Bügeleinlage zum Stabilisieren) zum Einsatz.

3. GURTBAND

Gewebtes Gurtband ist ein praktisches Material für stabile Taschengriffe und Tragegurte. Bänder aus Natur- und Synthetikfasern sind in vielen Farbtönen im Fachhandel und bei Online-Anbietern erhältlich.

4. KORDEL

Baumwollkordel wird für Paspeln und Durchzüge benötigt. Für Paspeln sollten Sie Kordel mit 3–4 mm Durchmesser kaufen. Versuchen Sie, eine Kordel im Farbton des Paspelstoffs zu bekommen, damit sie nicht durchschimmert.

5. KNÖPFE ZUM BEZIEHEN

Überziehbare Knöpfe gibt es in verschiedenen Größen. Ich finde, solche Knöpfe geben einer Tasche einen besonders professionellen Touch. Das Beziehen ist nicht schwierig. Befolgen Sie einfach die Anleitung auf der Verpackung des Produkts. Suchen Sie für den Knopfbezug eine besonders schöne Stelle des Stoffmusters aus.

6. SCHRÄGBAND

Vorgefalztes Schrägband zum Einfassen von Kanten ist in vielen Farbtönen erhältlich und die Verarbeitung ist ganz einfach. Manchmal schneide ich auch Schrägstreifen aus einem speziellen Stoff selbst zu. Mit einem Schrägbandfalzer werden aus diesen Streifen Schrägbänder.

1
2
5
4
3
6

ZUBEHÖR

1. RINGE/SCHLAUFEN

Für die Griffe und Tragegurte einiger Taschen in diesem Buch werden Ringe oder Schlaufen benötigt. Ich empfehle längliche, ovale Ringe oder Vierkantringe, es lassen sich aber auch runde Ringe oder D-Ringe verwenden. Wichtig ist, dass die Breite des Rings zum Griff bzw. Gurt passt.

2. GURTVERSTELLER/ SCHNALLEN

Mithilfe von Gurtverstellern wie dem hier abgebildeten lässt sich die Länge der Tragegurte regulieren. Es gibt viele verschiedene Formen. Für den Rucksack in diesem Buch wurde zum Beispiel ein Einhand-Gurtversteller (auch Spannschnalle) verwendet (siehe Seite 45). Ein Ende des Gurts hängt lose herab und die Länge kann durch Ziehen an diesem Ende verstellt werden, ohne den Rucksack abzunehmen. Ein abgeschrägter Querriegel am Versteller verhindert, dass der Gurt durchrutscht.

3. MAGNETVERSCHLÜSSE

Solche Verschlüsse sind praktisch und bequem zu handhaben. Sie sind in vielen verschiedenen Größen erhältlich. Ich bevorzuge ganz flache Modelle, die nicht auftragen (siehe auch „Magnetverschlüsse einsetzen", Seite 113).

4. REISSVERSCHLÜSSE UND REISSVERSCHLUSSFÜSSCHEN

Reißverschlüsse dienen als sicherer Verschluss für die Oberkante einer Tasche oder eine Innentasche. Für die Modelle in diesem Buch kommen verschiedene Reißverschlüsse zum Einsatz: feine, stabile und teilbare. Ungeübte Näherinnen sollten das Einnähen zuerst mit dünneren Reißverschlüssen für Kleidung ausprobieren. Wer mehr Erfahrung hat, kann bei Breite und Stil des Reißverschlusses nach Geschmack variieren – grobe Metallreißverschlüsse zum Beispiel können ein interessantes Designdetail sein. Achten Sie aber darauf, wann unbedingt ein teilbarer Verschluss erforderlich ist.

5. REISSVERSCHLUSS-ANHÄNGER

Der Anhänger am Reißverschluss ist ein weiteres professionelles Detail. Viele liegen besser in der Hand als die kleinen Metallgriffe gängiger Reißverschlüsse. Schauen Sie sich um, das Angebot ist recht groß. Mir gefallen Anhänger aus Leder besonders gut.

6. KARABINERHAKEN MIT DREHBAREM WIRBEL

Diese drehbaren Haken werden an abnehmbaren Griffen oder am Schultergurt montiert. Wenn der Tragegurt nicht abnehmbar sein soll, kann er einfach an einem normalen Ring festgenäht werden.

1
2
4
3
5
6

DIE TASCHEN NÄHEN

GEBLÜMT IN DEN SOMMER

Diese zauberhaft geblümte Handtasche hängt lässig am Unterarm. Sie ist kompakt, aber groß genug für Portemonnaie, Handy und alles, was Sie sonst gern bei sich haben. Was schnell zur Hand sein muss, wird im praktischen Außenfach verstaut. Ein unwiderstehliches Accessoire!

SCHWIERIGKEITSGRAD:

Material

- 28 cm Oberstoff in Blau
- 28 cm Futterstoff in Blau
- 20 cm Stoff in Rosa für Außentasche und Seitenteile
- 15 cm Stoff in Gelb gemustert für Griffe und Rand der Außentasche
- 1 Fat Quarter (ca. 50 x 55 cm) Stoff in Korallenrot für die Paspeln (oder 2 m Schrägband)
- 75 cm dünnes Volumenvlies zum Aufbügeln
- 2 m Kordel in Weiß für die Paspeln
- 25 cm Gummiband in Weiß
- Magnetverschluss

Fertige Größe: 37 x 35,5 cm einschließlich Griffen

Zuschnitt

1. Alle Schnittmusterteile (siehe Schnittmusterbogen) auf Transparentpapier oder Schablonenkunststoff durchpausen. Die Teile auf den gezeichneten Linien ausschneiden.

2. Das Hauptteil zweimal **auf den blauen Oberstoff** übertragen und auf den Linien ausschneiden.

3. Das Hauptteil zweimal **auf den blauen Futterstoff** übertragen und auf den Linien ausschneiden. Das Seitenteil zweimal auf den restlichen Futterstoff übertragen und auf den gezeichneten Linien ausschneiden.

4. Das Seitenteil zweimal **auf den rosa Stoff** übertragen, die Außentasche zweimal auf den restlichen Stoff übertragen und alles auf den gezeichneten Linien ausschneiden.

5. Aus gelb gemustertem Stoff zwei Streifen von 4,5 x 24 cm für den oberen Rand der Außentasche und vier Streifen von 5 x 42 cm für die Griffe zuschneiden.

6. Aus dem korallenroten Stoff drei Streifen von 3 cm Breite im schrägen Fadenlauf zuschneiden. Jeder muss 56 cm lang sein.

7. Das dünne Volumenvlies doppelt falten. Die Vorlage für das Hauptteil zweimal darauf zeichnen und ausschneiden (ergibt vier Teile). Die Vorlage für das Seitenteil zweimal auf das doppelt liegende Vlies übertragen und auf den gezeichneten Linien ausschneiden (ergibt vier Teile). Vier Streifen Vlies von 5 x 42 cm für die Griffe zuschneiden. Das restliche Vlies aufbewahren.

Vorbereitung

1. Hauptteil, Futter, die Streifen für die Griffe und die beiden rosa Seitenteile mit den entsprechenden Teilen des Volumenvlieses verstärken. Die Oberkanten der beiden anderen Seitenteile aus Vlies um 1 cm zurückschneiden und damit die beiden Futter-Seitenteile verstärken.

2. Aus korallenrotem Stoff und weißer Kordel drei Stücke Paspel vorbereiten (siehe „Paspel", Seite 112).

VARIATION

Mehr Fächer gefällig? Kein Problem! Nähen Sie einfach kleine Innentaschen in passender Größe auf das Futter.

Nähen

Die Nahtzugabe beträgt an allen Teilen 5 mm.

1. Ein rosa Taschenteil und einen gelben Streifen entlang der Taschenoberkante rechts auf rechts aufeinanderlegen und zusammennähen. Die Nahtzugabe zur Tasche bügeln, dann das zusammengesetzte Teil mit einem Stück des restlichen Volumenvlieses verstärken. Nur auf der rosa Seite der Tasche absteppen (siehe „Nützliche Stiche", Seite 110). Das Taschenfutter ebenso zusammennähen und absteppen, aber nicht mit Volumenvlies verstärken.

2. Ein Stück Paspel an die Schnittkante des verstärkten rosa Taschenteils heften (siehe „Nützliche Stiche", Seite 110). Die unversäuberte Kante der Paspel bündig an der Kante des Taschenstoffs anlegen, die Enden direkt unter dem gelben Streifen schräg nach außen legen und sauber abschneiden.

3. Tasche und Futter rechts auf rechts legen und die Teile entlang der drei Kanten des gelben Streifens zusammennähen. Die Nahtzugaben an den Ecken schräg abschneiden, dann auf rechts wenden. Die mittleren 16,5 cm des oberen Streifens absteppen, um einen Tunnel für das Gummiband zu erhalten.

4. Das weiße Gummiband durch den gerade abgesteppten Tunnel am oberen Rand ziehen. Der Eingang zum Tunnel liegt zwischen Oberstoff und Futterstoff. Das Gummiband mit einigen Steppstichen an einem Ende des Tunnels fixieren.

5. Am anderen Ende des Gummis ziehen, um den Stoff etwas zusammenzukräuseln. Der obere Rand der Tasche sollte eine Breite von etwa 18 cm haben. Das Gummiband auch an diesem Ende des Tunnels feststeppen, danach die Enden des Gummis abschneiden.

Eine Sicherheitsnadel an einem Ende des Gummibands befestigen und diese in den Tunnel schieben. So lässt sich das Gummiband leicht durchziehen.

6. Die Tasche auf links wenden. Die noch offenen Kanten von Oberstoff und Futter ringsherum zusammenheften, dabei die Paspel mitfassen. Mit dem Reißverschlussfüßchen möglichst nahe an der Paspelkordel zusammennähen, aber an der Unterkante eine 7,5 cm lange Öffnung zum Wenden lassen. Die Tasche auf rechts wenden und bügeln, dabei die Nahtzugaben an der Öffnung nach innen umbügeln. Die Außentasche 5 cm über der Unterkante mittig auf das Taschenvorderteil legen und an drei Seiten feststeppen. Die Oberkante muss offen bleiben.

7. Vorder- und Rückseite des Hauptteils rechts auf rechts aufeinanderlegen, entlang der Unterkante zusammennähen und die Nahtzugaben auseinanderbügeln. Die beiden Futterteile ebenso zusammennähen, aber eine 15 cm lange Öffnung zum Wenden lassen.

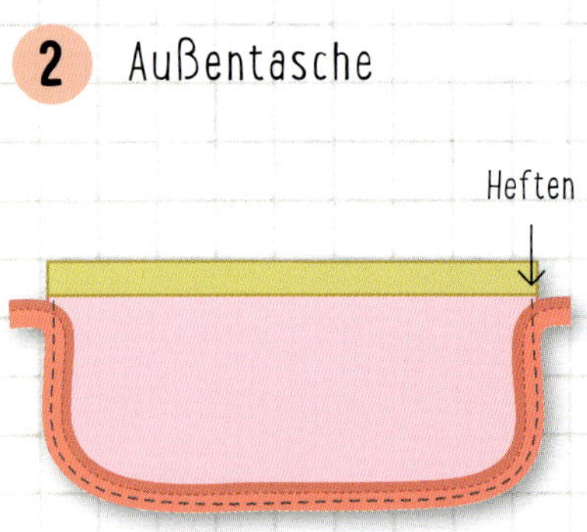

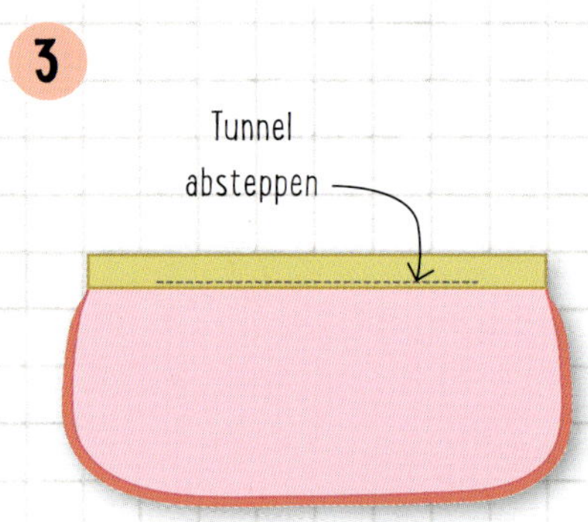

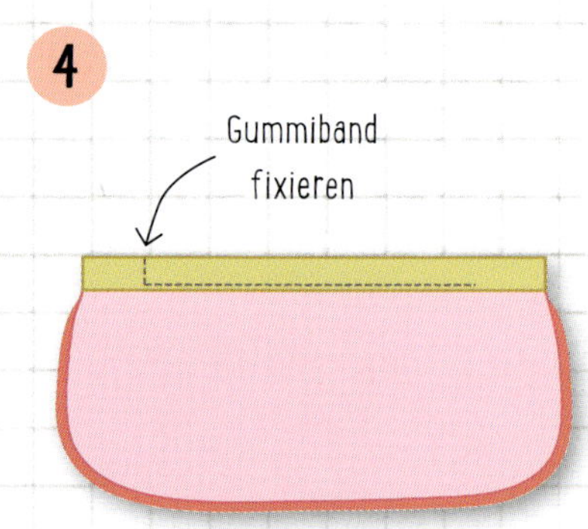

8. Eine Paspel rechts auf rechts an Seiten- und Unterkanten eines rosa Seitenteils anlegen. Die unversäuberte Kante an der Schnittkante des Stoffs ausrichten, die Enden der Paspel 1,5 cm unter der Oberkante schräg nach außen führen. Die Paspel mit der Maschine festheften, dann die Enden abschneiden. Die letzte Paspel ebenso am anderen Seitenteil festheften.

9. Ein Seitenteil in Rosa (mit Paspel) rechts auf rechts von Hand an eine offene Kante des Hauptteils heften. Das geht leichter, wenn Sie von der Mitte zu den Enden arbeiten. Wenn das Seitenteil gut sitzt, kann es mit der Maschine eingenäht werden. Das zweite Seitenteil ebenso einsetzen, dann auch die beiden Seitenteile ins Futter einsetzen.

10. Zwei Streifen für die Griffe rechts auf rechts aufeinanderlegen. An drei Seiten zusammennähen, eine Schmalseite zum Wenden offen lassen. Auf rechts wenden (siehe „Griffe wenden", Seite 114). Das zusammengenähte Ende abschneiden und den Griff sorgfältig bügeln. Den Griff der Länge nach zur Hälfte falten und absteppen, jedoch 4 cm Abstand zu beiden unversäuberten Enden halten. Steppen Sie in der Linie der ersten Steppnaht. Den zweiten Griff ebenso nähen.

11. Einen Griff rechts auf rechts an der Oberkante des Taschenvorderteils anlegen und knappkantig mit der Maschine festheften. Den anderen Griff ebenso an die Rückseite der Tasche heften.

12. Das Hauptteil (rechte Seite außen) ins Futter (linke Seite außen) schieben. Beide entlang der Oberkanten zusammensteppen, dabei die Enden der Griffe mitfassen. Die Nahtzugaben an den Ecken schräg abschneiden und an den Rundungen einschneiden. Auch an den Ecken, an denen die Seitenteile ans Hauptteil treffen, die Nahtzugaben einschneiden.

Es ist wichtig, Nahtzugaben an Rundungen in regelmäßigen Abständen einzuschneiden, damit die Nähte nach dem Wenden glatt liegen. Aber unbedingt etwas Abstand zur Naht halten, sonst kann ihre Haltbarkeit beeinträchtigt werden.

13. Die Tasche durch die Öffnung in der Bodennaht des Futters auf rechts wenden. Das Futter ins Hauptteil schieben. Bügeln, dann die Oberkante der Tasche ringsherum absteppen.

14. Den Magnetverschluss ca. 1,5 cm unter der Oberkante ins Taschenfutter einsetzen (siehe „Magnetverschlüsse einsetzen", Seite 113). Die Öffnung im Futter mit kleinen Leiterstichen (siehe „Nützliche Stiche", Seite 111) zunähen.

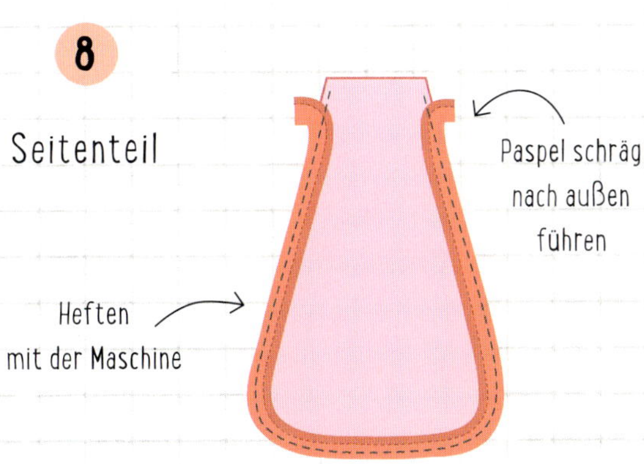

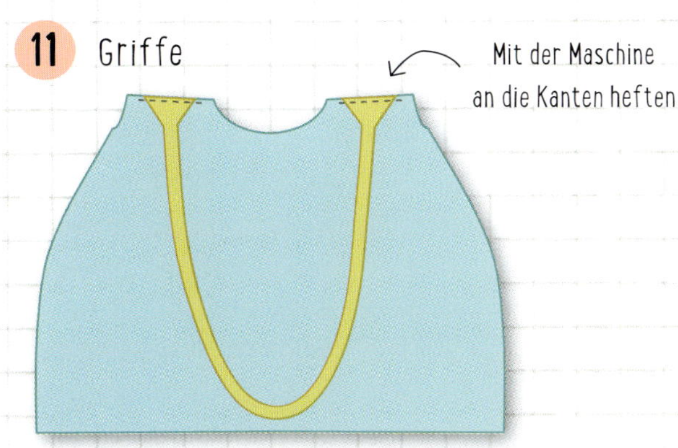

KLEINE, COOLE CLUTCH

Kleine Handtaschen kann frau gar nicht genug haben – am besten zu jedem Outfit eine passende! Dieses Modell mit dem tollen Blumenmuster und dem gehäkelten Blumenknopf sorgt bestimmt für Aufsehen. Suchen Sie einfach Stoffe aus, die zu Ihrer Garderobe passen!

SCHWIERIGKEITSGRAD:

Material

- 28 cm Dekostoff in Schwarz-Rot als Oberstoff für das Hauptteil (oder mehr, wenn das Muster einen Rapport hat)
- 18 x 50 cm Stoff in Rot mit weißen Pünktchen für die Seitenteile
- 12,5 cm Stoff in Schwarz-Weiß gestreift zum Einfassen
- 28 cm dünnes Volumenvlies zum Aufbügeln
- 28 x 50 cm mittlere bis schwere Bügeleinlage (zum Stabilisieren)
- Schneiderkreide oder selbstlöschender Textilstift
- Große gehäkelte Blume
- Knopf zum Beziehen, ca. 2,5 cm Durchmesser
- Magnetverschluss

Fertige Größe: 16,5 x 27 cm

Zuschnitt

1. Alle Schnittmusterteile (siehe Schnittmusterbogen) auf Transparentpapier oder Schablonenkunststoff durchpausen, dabei auch alle Markierungen übertragen. Die Teile auf den gezeichneten Linien ausschneiden.

2. Das Hauptteil zweimal **auf den schwarz-roten Dekostoff** übertragen. Auf den gezeichneten Linien ausschneiden.

3. Das Seitenteil viermal **auf den roten Stoff mit weißen Pünktchen** übertragen und auf den gezeichneten Linien ausschneiden.

4. Aus schwarz-weiß gestreiftem Stoff einen Streifen von 5 cm x Taschenbreite und einen zweiten von 5 x 20 cm zuschneiden.

5. Auf das dünne Volumenvlies zum Aufbügeln ein Hauptteil und zwei Seitenteile übertragen und auf den gezeichneten Linien ausschneiden.

6. Das Hauptteil einmal **auf die Bügeleinlage** übertragen und ebenfalls auf den Linien ausschneiden.

Vorbereitung

1. Auf ein Hauptteil und zwei Seitenteile das dünne Volumenvlies bügeln. Das andere Hauptteil mit der Bügeleinlage verstärken.

2. Dünnes Volumenvlies auf ein Reststück des schwarz-weiß gestreiften Stoffs bügeln und damit den Knopf beziehen. Bitte beachten Sie dabei die Hinweise des Herstellers.

VARIATION

Steht Ihnen der Sinn nach einer Patchwork-Clutch? Dann nähen Sie doch einige Lieblingsstoffe zu einem größeren Stück zusammen und schneiden daraus das äußere Hauptteil zu!

Nähen

Die Nahtzugabe beträgt an allen Teilen 5 mm.

1. Auf der rechten Seite des Hauptteils, das mit der stabilisierenden Bügeleinlage verstärkt wurde, an der auf dem Schnittmusterbogen markierten Position das Oberteil des Magnetverschlusses einsetzen (siehe „Magnetverschlüsse einsetzen", Seite 113). Das Gegenstück des Verschlusses (Unterteil) an der markierten Stelle auf dem Hauptteil mit dem dünnen Volumenvlies einsetzen.

2. Die beiden Hauptteile rechts auf rechts legen. Die Kanten zusammenstecken, dann mit der Maschine knappkantig zusammenheften (siehe „Nützliche Stiche", Seite 110).

3. Mit Schneiderkreide oder selbstlöschendem Textilstift von oben nach unten eine Mittellinie einzeichnen und in Abständen von 2 cm weitere parallele Striche ziehen. Das Hauptteil auf den vorgezeichneten Linien quilten, aber bei der mittleren Quiltlinie den Magnetverschluss aussparen.

Damit das Quilten gleichmäßig gelingt, mit der Mittellinie beginnen und von dort abwechselnd zu den Seiten hin fortfahren.

4. Einen der schwarz-weiß gestreiften Streifen (5 x 20 cm) mit dem Schrägbandfalzer vorbereiten oder längs zur Hälfte falten (rechte Seite außen) und bügeln. Dann öffnen, die Längskanten zur Mitte falten und wieder bügeln. Mit diesem Streifen die Vorderkante des Hauptteils einfassen (siehe „Einfassungen", Seite 119).

5. In die Unterkante eines Seitenteils mit Volumenvlies einen Abnäher steppen (siehe „Abnäher", Seite 117). Mit einem Seitenteil ohne Vlies wiederholen. Die beiden Teile rechts auf rechts legen und nur entlang der oberen geraden Kante zusammennähen.

6. Auf rechts wenden und die Kanten exakt aufeinander ausrichten. Bügeln, dann die Oberkante absteppen. Die unversäuberten Kanten zusammenheften.

3 Hauptteil

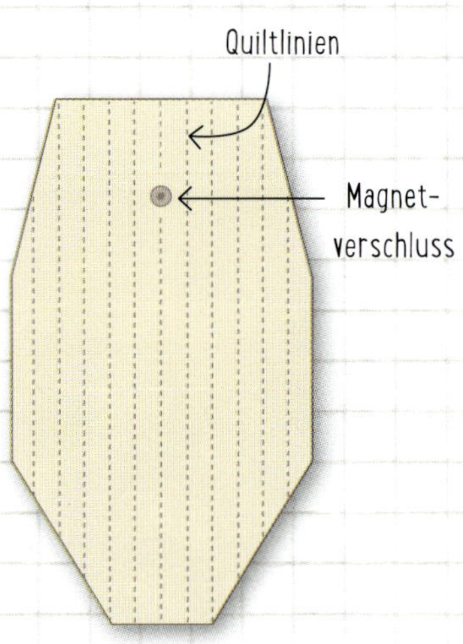

4

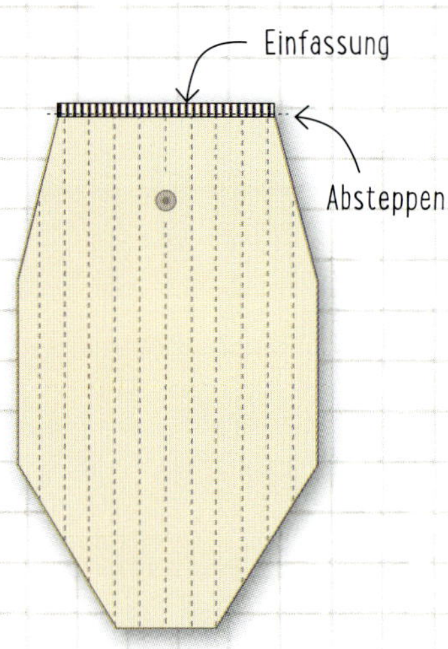

7 Vorderteil

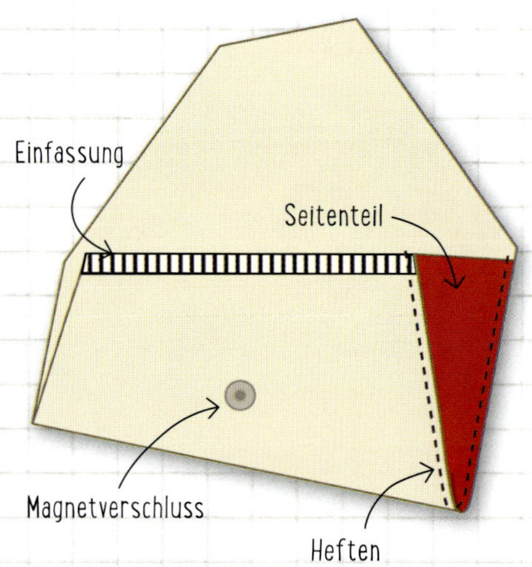

7. Das Seitenteil einheften. Dabei an einer vorderen Ecke des Hauptteils beginnen. Der Abnäher im Seitenteil muss auf den im Schnittmuster eingezeichneten Stern treffen. Die Futterseiten zeigen zueinander und alle Stoffkanten werden genau aufeinander ausgerichtet. Das Seitenteil mit der Maschine einheften. Das andere Seitenteil ebenso einsetzen (Schritt 5–7 wiederholen).

Am unteren Ende des Seitenteils den Stoff sorgfältig glatt streichen, damit er später keine Fältchen wirft.

8. Den schwarz-weißen Streifen mit einem Schrägbandformer oder mit dem Bügeleisen (siehe Schritt 4) vorbereiten. Ein Ende entfalten, 5 mm breit einschlagen und bügeln. Das Band wieder zusammenfalten und das eingeschlagene Ende sorgfältig bügeln.

9. Eine Längskante des Einfassbandes aufklappen und rechts auf rechts an einer vorderen Ecke der Tasche anlegen. Die unversäuberte Kante der Tasche liegt am Mittelkniff des Bandes. Das Band exakt im Mittelkniff (d. h. in 1,5 cm Abstand zu den Stoffkanten) ringsherum bis zur anderen Seite der Tasche nähen. An den Ecken der Klappe werden Briefecken gearbeitet (siehe „Briefecken", Seite 120). Das Ende des Einfassbandes 5 mm länger als benötigt abschneiden, das Ende einschlagen und festnähen.

10. Das Einfassband zur anderen Seite der Tasche falten, sodass es die Schnittkanten überdeckt – ähnlich wie beim Einfassen eines Quilts. Die eingeschlagene Kante des Bandes von Hand mit kleinen Leiterstichen (siehe „Nützliche Stiche", Seite 111) ringsherum festnähen.

11. Die gefalteten Vorder- und Rückseiten des Einfassbandes an den vorderen Ecken ebenfalls mit kleinen Leiterstichen zusammennähen (siehe Abbildung unten).

12. Den bezogenen Knopf in die Mitte der Häkelblume legen und beide zusammen auf der vorderen Klappe der Tasche festnähen.

9

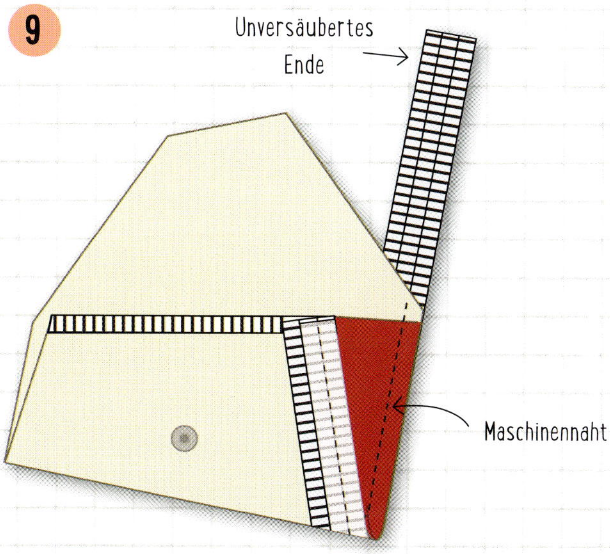

BUNT & GERÄUMIG

Diese Tasche ist ein Multitalent, weil sie so schön groß ist. Brauchen Sie eine geräumige Handtasche? Eine Tasche für das Strickzeug oder vielleicht eine Tasche fürs Schwimmbad? Wichtige Kleinigkeiten sind im Reißverschluss-Vorfach und der großen Innentasche gut verstaut und das Hauptfach ist dennoch immer leicht zugänglich.

SCHWIERIGKEITSGRAD:

Material

- 75 cm Dekostoff in Creme mit Muster für Vorderseite, Rückseite und Futter
- 25 cm Stoff in Grün mit Muster für das Reißverschlussfach
- 33 cm Stoff in Blau mit Punkten für oberen Rand und Boden
- 89 cm Stoff in Braun mit Buchstaben für Griffe, Innentasche und Verschluss
- 2 m dünnes Volumenvlies zum Aufbügeln
- 9 x 56 cm feste Bügeleinlage (zur Verstärkung des Bodens)
- Reißverschluss, mindestens 28 cm lang
- Großer grüner Knopf

Fertige Größe: 50 x 48 cm einschließlich Griffen

Zuschnitt

1. Alle Schnittmusterteile (siehe Schnittmusterbogen) auf Transparentpapier oder Schablonenkunststoff durchpausen. Die Teile auf den Umrisslinien ausschneiden.

2. Das Hauptteil viermal **auf den cremefarbenen Dekostoff** übertragen und auf den gezeichneten Linien ausschneiden.

3. Aus dem Stoff in Grün zwei Stücke von 25 x 27,5 cm und zwei von 25 x 8 cm zuschneiden.

4. Aus dem blauen Stoff mit Punkten einen Streifen von 11,5 x 55 cm zuschneiden. Das Teil für den oberen Taschenrand viermal auf den restlichen blauen Stoff mit Punkten übertragen und die Teile zuschneiden.

5. Auf den braunen Stoff mit Buchstaben zweimal das Hauptteil übertragen und ausschneiden – das wird die Innentasche. Für die Griffe acht Streifen von je 6,5 x 64 cm zuschneiden, für den Verschluss einen weiteren Streifen von 4,5 x 14 cm.

6. Aus dem dünnen Volumenvlies ein Stück von 25 x 27,5 cm und ein zweites von 25 x 8 cm zuschneiden, außerdem einen Streifen von 9 x 55 cm sowie acht Streifen von 6,5 x 60 cm für die Griffe. Für die Innentasche das Hauptteil einmal übertragen und ausschneiden. Alle Reste beiseitelegen.

Vorbereitung

1. Je ein grünes Teil, ein braunes Taschenteil und alle Teile für die Griffe mit dem dünnen Volumenvlies verstärken. Sie werden feststellen, dass das Vlies für die Griffe kürzer ist als der Stoff. Das ist beabsichtigt. Das Vlies so aufbügeln, dass es an einem Ende bündig mit dem Stoff abschließt. Am anderen Ende steht der Stoff über.

VARIATION

Es hat mir viel Spaß gemacht, die Stoffe für dieses Modell zusammenzustellen. Mixen Sie selbst – kunterbunt oder Ton in Ton, wie es Ihnen gefällt.

Nähen

Die Nahtzugabe beträgt an allen Teilen 5 mm.

1. Zwei 25 x 27,5 cm große Stücke grünen Stoff rechts auf rechts aufeinanderlegen. An einer der schmaleren Seiten (25 cm) den Reißverschluss mittig zwischen die Stofflagen schieben. Das mit Volumenvlies verstärkte Stoffteil und der Reißverschluss liegen rechts auf rechts. Stecken, dann mit dem Reißverschlussfüßchen zusammennähen (siehe Abbildung unten). Den Stoff vom Reißverschluss wegklappen, bügeln und knappkantig absteppen (siehe „Nützliche Stiche", Seite 110/111).

2. Die beiden 25 x 8 cm großen Stücke grünen Stoff rechts auf rechts aufeinanderlegen. An einer 25 cm langen Seite die freie Seite des Reißverschlusses ebenso zwischen die Stofflagen schieben. Die mit Vlies verstärkte Seite und der Reißverschluss liegen wieder rechts auf rechts und die beiden Stoffteile liegen einander genau gegenüber. Stecken und mit dem Reißverschlussfüßchen zusammennähen, dann den Stoff vom Reißverschluss wegklappen und absteppen.

3. Der Schlitten des Reißverschlusses muss zwischen den Stoffteilen liegen. Knapp innerhalb der Stoffkanten mehrmals hin und her über die Reißverschlussenden nähen, um sie zu sichern, dann die überstehenden Enden des Reißverschlusses bündig mit den Stoffkanten abschneiden.

4. Ein cremefarbenes Hauptteil auf die Arbeitsfläche legen, die rechte Stoffseite zeigt nach oben. Das Taschenteil mittig darauflegen und alle vier Kanten mit der Maschine festheften (siehe „Nützliche Stiche", Seite 110).

5. Ein blaues Teil mit Punkten für den oberen Taschenrand rechts auf rechts an die Oberkante anlegen. Die untere gerade Kante der Tasche stößt an die Oberkante des Hauptteils mit der Tasche. Festnähen und bügeln. Nun die ganze Tasche mit dem restlichen dünnen Volumenvlies verstärken und die obere Taschennaht absteppen. Mit den restlichen drei Teilen für Hauptteil und oberen Taschenrand wiederholen.

Wenn die Innentasche etwas länger als das Hauptteil ist, wird sie einfach passend abgeschnitten.

1 Reißverschluss

3

6. Zwei braune Streifen für einen Griff an den verstärkten Schmalseiten zusammennähen. Mit den anderen sechs Streifen ebenso verfahren. Sie haben nun vier verstärkte Streifen von je 127 x 6,5 cm Größe.

7. Zwei dieser Streifen rechts auf rechts aufeinanderlegen und an drei Seiten zusammennähen. Eine Schmalseite bleibt offen. Auf rechts wenden (siehe „Griffe wenden", Seite 114), das zusammengenähte Ende abschneiden und die Griffe sorgfältig bügeln.

8. Das Taschenvorderteil auf die Arbeitsfläche legen, die rechte Stoffseite liegt oben. Den Griff feststecken (siehe Abbildung unten). Er bedeckt die Seitennaht des Taschenteils. Die unversäuberten Enden des Griffs liegen auf der unversäuberten Unterkante des Taschenvorderteils. Den Griff feststeppen, dabei ca. 1,5 cm über der oberen Quernaht anhalten.

9. Die noch losen Griffteile der Länge nach zur Hälfte falten und knappkantig zusammensteppen. Dabei in ca. 4 cm Abstand zur Steppnaht auf dem Taschenvorderteil beginnen und enden. Weitere parallele Linien in Abständen von 3 mm steppen (siehe Foto unten), um den Griff zu verstärken. Schritt 7–9 mit der Taschenrückseite wiederholen.

10. Vorder- und Rückseite der Tasche rechts auf rechts aufeinanderlegen und nur entlang der Unterkanten zusammennähen.

11. Für den Taschenboden das 9 x 55 cm große Stück Volumenvlies in die Mitte des 11,5 x 55 cm großen blauen Stoffstücks mit Punkten bügeln. Der Stoff soll an allen Seiten 1,5 cm über das Vlies vorstehen. Zur zusätzlichen Verstärkung die feste Bügeleinlage auf das dünne Vlies bügeln. Die überstehenden Stoffkanten ringsherum über die Kanten der Einlage falten und bügeln.

VARIATION

Durch parallele Stepplinien in engen Abständen werden die Griffe enorm stabil. Diesen Trick können Sie auch für andere Taschenmodelle anwenden.

8 Vorderseite

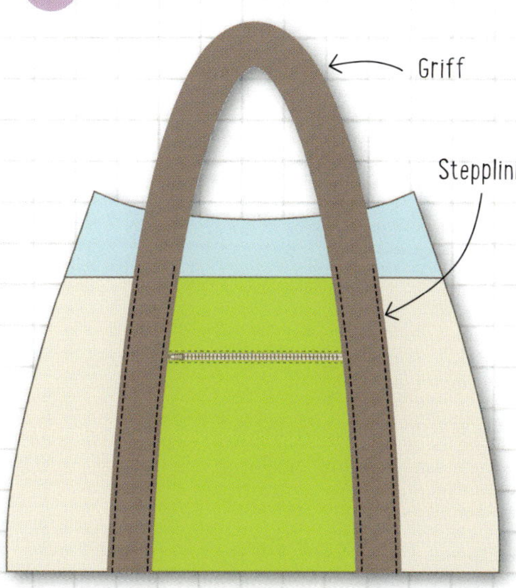

12. Das Hauptteil auseinanderklappen und ausbreiten. Die rechte Stoffseite liegt oben, die untere Naht liegt flach auf der Arbeitsfläche. Den Boden mittig über die Naht legen. Er ragt jeweils 4,5 cm auf Vorder- und Rückseite der Tasche (siehe Abbildung unten). Die Stoffkanten müssen um die doppelte Einlage herum eingeschlagen bleiben. Den Boden feststecken und an beiden Längsseiten feststeppen.

13. Vorder- und Rückseite rechts auf rechts legen, Ober- und Seitenkanten genau aufeinander ausrichten. Die Seiten zusammennähen, dabei oben beginnen und anhalten, wenn der Boden erreicht ist.

14. Die Tasche nicht auf rechts wenden. Für die unteren Ecken ein 9 cm breites Dreieck von einer Kante des Bodens zur anderen abnähen (siehe „Ecken nähen", Seite 122). An der anderen Ecke ebenso verfahren. Die überstehenden Stoffzipfel ca. 1,5 cm außerhalb der Nahtlinien abschneiden.

An den Ecken ist der Stoff sehr dick. Nähen Sie zur Verstärkung mehrmals hin und her – aber ganz langsam, um die Nadel zu schonen.

15. Die beiden braunen Taschenteile rechts auf rechts aufeinanderlegen und entlang der oberen geraden Kante zusammennähen. Auf rechts wenden, bügeln und die obere Kante doppelt absteppen.

16. Ein Futterteil auf die Arbeitsfläche legen, die rechte Stoffseite liegt oben. Die Innentasche darauflegen, Seiten- und Unterkanten genau ausrichten. Seiten- und Unterkanten der Innentasche festnähen. Wenn Sie möchten, können Sie die Tasche in der Mitte von oben nach unten absteppen, um sie in zwei Fächer zu unterteilen.

12 Tasche (ausgebreitet)

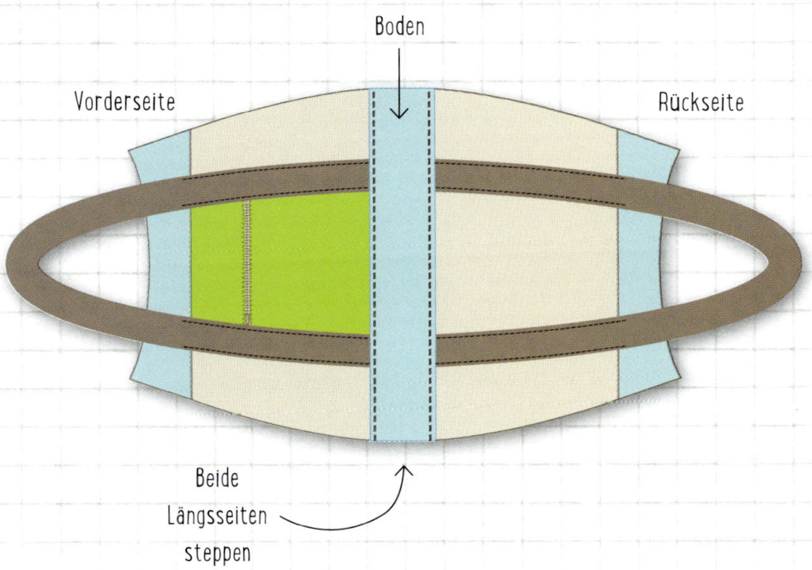

17. Beide Futterteile rechts auf rechts aufeinanderlegen. Seiten- und Unterkanten zusammennähen, aber in der Unterkante eine 20 cm lange Öffnung zum Wenden lassen. Das Futter nicht auf rechts wenden, sondern zuerst an den Ecken wie bei der äußeren Tasche auf beiden Seiten der Unterkante 9 cm breite Dreiecke für die Ecken abnähen (siehe „Ecken nähen", Seite 122).

18. Den 4,5 x 14 cm Stoffstreifen für den Verschluss der Länge nach links auf links zur Hälfte falten. Bügeln, dann ausbreiten, die Längskanten an den Mittelkniff falten. Die offenen Kanten zusammensteppen. Den Streifen zur Hälfte legen und die dreieckige Spitze, die sich dabei bildet, knappkantig absteppen (siehe Abbildung unten).

19. Die Knopfschlaufe rechts auf rechts an der Oberkante der Futter-Rückseite (mit Tasche) anlegen. Die unversäuberten Kanten liegen aufeinander. Mit der Maschine festheften.

20. Das Hauptteil (rechte Seite außen) ins Futter (linke Seite außen) schieben. Die Griffe so zwischen die Lagen schieben, dass sie nicht versehentlich in der Oberkante mitgefasst werden können. Die Oberkanten ringsherum zusammenstecken. Danach die Oberkanten zusammennähen und dabei die Knopfschlaufe mitfassen. Die Tasche durch die Öffnung in der Bodennaht auf rechts wenden und das Futter ins Hauptteil schieben. Die Oberkante der Tasche absteppen.

21. Den Knopf mittig an den oberen Rand des Vorderteils nähen, dabei durch die Öffnung in der Bodennaht greifen. Zuletzt die Öffnung in der Bodennaht mit kleinen Leiterstichen zunähen (siehe „Nützliche Stiche", Seite 110/111).

VARIATION

Suchen Sie einen besonders hübschen oder witzigen Knopf aus. Sie werden staunen, wie sehr so ein kleines Detail Ihre Tasche aufwertet!

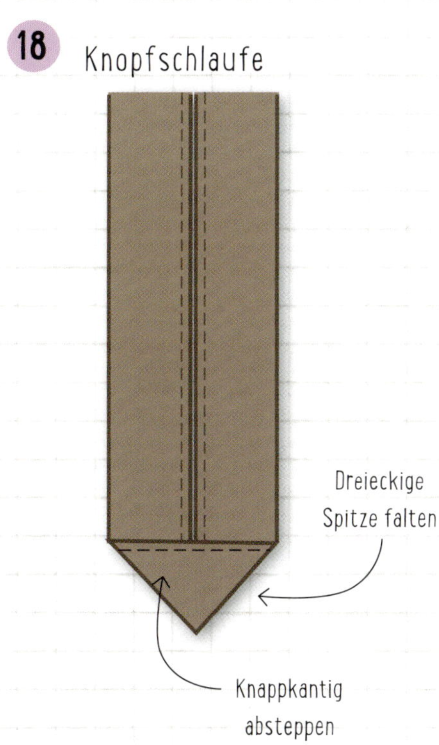

HIMMELBLAUER RUCKSACK

Ob Ausflug oder Einkaufstour: Dieser hübsche Rucksack ist ungemein praktisch. Und da niemand ihn öffnen kann, wenn Sie ihn auf dem Rücken tragen, sind auch wichtige Dinge darin gut und sicher verstaut – selbst in einem überfüllten Bus. Stecken Sie alles, was unterwegs schnell zur Hand sein soll, ins Vorfach.

SCHWIERIGKEITSGRAD:

Material

- 91,5 cm leichterer Jeansstoff oder anderer robuster Stoff für Außenseiten, Futter und Boden
- 30 x 40 cm Stoff in Blau mit Blumen für die Tasche
- 25 cm Stoff in Bunt gepunktet für die Taschenklappe
- 80 cm dünnes Volumenvlies zum Aufbügeln
- 2 große runde Ringe, 5 cm Durchmesser
- Reißverschluss in passender Farbe, 40 cm lang
- 2 schwarze Einhand-Gurtversteller (Spannschnallen), 2 cm breit
- 2 Magnetverschlüsse

Fertige Größe: 43 x 30 cm ohne Tragegurte

Zuschnitt

1. Alle Schnittmusterteile (siehe Schnittmusterbogen) auf Transparentpapier oder Schablonenkunststoff durchpausen, dabei auch alle Markierungen übertragen. Die Teile auf den Konturlinien ausschneiden.

2. Das Hauptteil viermal **auf den Jeansstoff** übertragen und auf den gezeichneten Linien ausschneiden. Den Boden zweimal auf den Jeansstoff übertragen und ebenfalls ausschneiden.

3. Die Tasche zweimal **auf den blauen Stoff mit Blumen** übertragen und auf den gezeichneten Linien ausschneiden.

4. Aus dem bunt gepunkteten Stoff vier Streifen von 51 x 3,5 cm, vier Streifen von 47 x 3,5 cm und weitere vier Streifen von 7,5 x 4,5 cm zuschneiden. Die Taschenklappe zweimal auf diesen Stoff übertragen und ausschneiden.

5. Auf das dünne Volumenvlies das Hauptteil zweimal, den Boden einmal, die Tasche einmal und die Taschenklappe einmal übertragen und ausschneiden. Außerdem die folgenden Streifen zuschneiden: zwei von 51 x 3,5 cm, zwei von 47 x 3,5 cm sowie zwei von 4,5 x 7,5 cm.

Vorbereitung

1. Die Oberkante und die oberen Ecken des Volumenvlieses für die Hauptteile um 6 mm zurückschneiden. Das Vlies so auf den Stoff bügeln, dass es mit Unter- und Seitenkanten bündig abschließt. Die oberen Nahtzugaben werden nicht verstärkt.

2. Je einen Boden, eine Tasche und eine Taschenklappe mit Volumenvlies verstärken, außerdem jeweils die Hälfte der bunt gepunkteten Stoffstreifen in den unterschiedlichen Längen.

3. Die Oberteile der Magnetverschlüsse in das verstärkte Taschenteil einsetzen, die Unterteile in die verstärkte Taschenklappe (siehe „Magnetverschlüsse einsetzen", Seite 113), dabei die Markierungen auf dem Schnittmuster beachten.

Nähen

Die Nahtzugabe beträgt an allen Teilen 5 mm.

1. Alle Abnäher in die beiden Taschenteile nähen (siehe „Abnäher", Seite 117). Zwei Taschenteile rechts auf rechts aufeinanderlegen. Die Kanten ringsherum zusammennähen, aber in der Unterkante eine 7,5 cm lange Öffnung zum Wenden lassen. Die Nahtzugaben an den Ecken schräg abschneiden, die Tasche wenden und bügeln. Die Oberkante doppelt absteppen (siehe „Nützliche Stiche", Seite 110).

2. Zwei Taschenklappen rechts auf rechts aufeinanderlegen. Die Kanten ringsherum zusammennähen, aber in der oberen geraden Kante eine 7,5 cm lange Öffnung zum Wenden lassen. Die Nahtzugaben an den Ecken schräg abschneiden, die Tasche wenden und bügeln. Dabei auch die Nahtzugaben an der Öffnung nach innen umbügeln. Die abgerundeten Seiten- und Unterkanten doppelt absteppen.

3. Die beiden Hauptteile (mit Volumenvlies) rechts auf rechts aufeinanderlegen und nur entlang einer Kante zusammennähen. Ausbreiten und bügeln, dann die Naht auf beiden Seiten absteppen. Diese Naht bildet nun die vordere Mitte des Rucksacks.

Die Wendeöffnungen an den Taschenteilen brauchen nicht von Hand zugenäht zu werden, weil sie beim Aufsteppen der Teile geschlossen werden. Wichtig ist aber, die Nahtzugaben vorher sorgfältig nach innen zu bügeln.

4. Das Hauptteil auf der Arbeitsfläche ausbreiten, die rechte Stoffseite liegt oben. Die Tasche 5 cm oberhalb der Unterkante mittig auf der Naht ausrichten (siehe Abbildung unten). Seiten- und Unterkanten feststeppen.

5. Die Taschenklappe auflegen und die Magnetverschlüsse auf die Gegenstücke auf der Tasche drücken. Die Oberkante der Klappe in dieser Position feststecken und feststeppen.

6. Eine Seite des Reißverschlusses rechts auf rechts an die obere Kante des Hauptteils heften (siehe „Nützliche Stiche", Seite 110), wie auf der Abbildung auf Seite 43 zu sehen. Mit dem Reißverschluss-Füßchen feststeppen. Ausbreiten, bügeln und die Naht absteppen.

7. Den Reißverschluss öffnen und seine andere Seite an die Oberkante der anderen Taschenseite steppen. Wieder bügeln und absteppen.

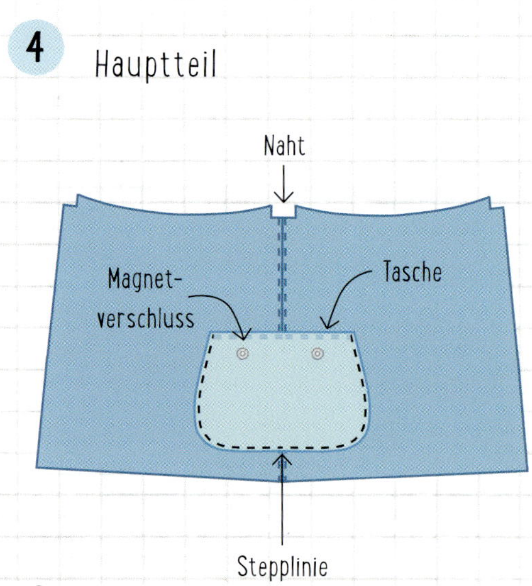

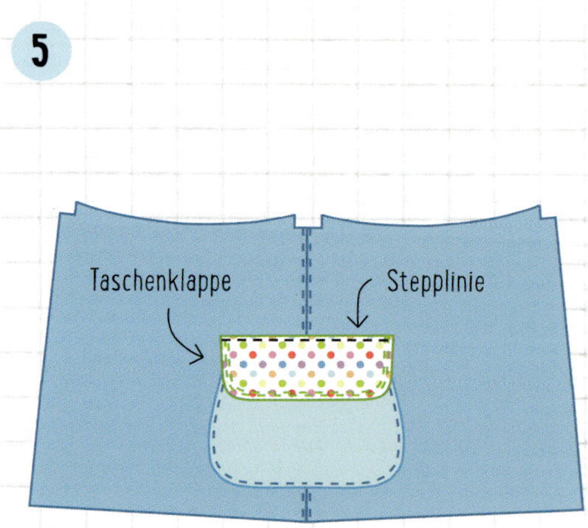

8. Die Seiten der Tasche so falten, dass sie rechts auf rechts liegen und die offenen Kanten zusammentreffen. Diese Kanten zusammennähen. Beide Nähte wie beim Vorderteil absteppen. Das erfordert etwas Sorgfalt und Geduld.

9. Für den ersten Schultergurt zwei bunt gepunktete Streifen von 51 x 3,5 cm (einer mit Vlies, einer ohne) rechts auf rechts aufeinanderlegen und alle vier Kanten zusammensteppen. In einer Längsseite eine 7,5 cm lange Öffnung zum Wenden lassen. Die Nahtzugaben an den Ecken abschneiden. Wenden (siehe „Griffe wenden", Seite 114), bügeln und alle Kanten absteppen. Den zweiten Schultergurt ebenso nähen. Für die beiden verstellbaren Gurte die Streifen von 47 x 3,5 cm ebenso verarbeiten, jedoch hier zum Wenden eine Schmalseite offen lassen.

10. Zwei gepunktete Streifen von 7,5 x 4,5 cm (einer mit Vlies, einer ohne) rechts auf rechts aufeinanderlegen. Die Längsseiten zusammennähen, die Schmalseiten offen lassen. Wenden, bügeln und die Längsseiten doppelt absteppen. Dies ist ein Ringhalter. Den zweiten ebenso nähen. Einen Ringhalter durch einen Ring ziehen und doppelt legen, sodass der Ring in der Schlaufe hängt. Die Enden mit der Maschine zusammenheften. Mit dem zweiten Ringhalter ebenso verfahren.

11. Den Reißverschluss zur Hälfte schließen, sodass er mittig sitzt. Den Rucksack wenden.

12. Die unversäuberte Spitze am geschlossenen Ende des Reißverschlusses so ausrichten, dass die Seitennaht und der Reißverschluss rechts auf rechts aufeinanderliegen. Einen Ringhalter (mit Ring) von innen durch die Öffnung schieben. Die Schnittkanten des Ringhalters liegen zwischen den Schnittkanten von Seite und Reißverschluss. Alle Kanten genau aufeinander ausrichten und zusammensteppen, um den Ringhalter zu fixieren. Das überstehende Ende des Reißverschlusses abschneiden. Den zweiten Ringhalter ebenso an der anderen oberen Ecke einnähen, dann den Rucksack auf rechts wenden.

13. Einen der 47 x 3,5 cm langen, verstellbaren Gurte rechts auf rechts kantenbündig in 9,5 cm Abstand zu einer Seitenkante an die Rückseite des Rucksacks legen und festheften. Mit dem zweiten verstellbaren Gurt ebenso verfahren (siehe Abbildung unten).

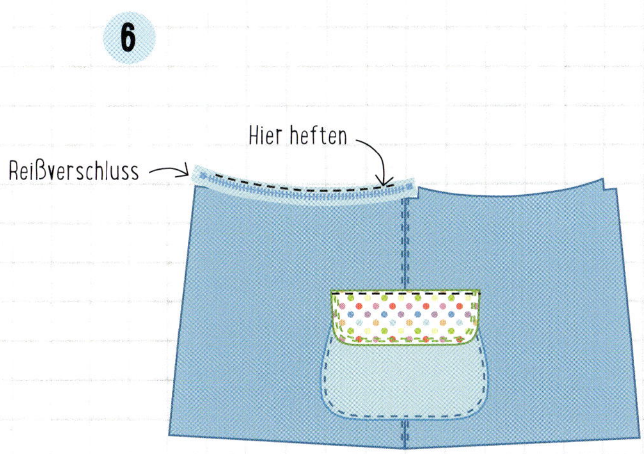

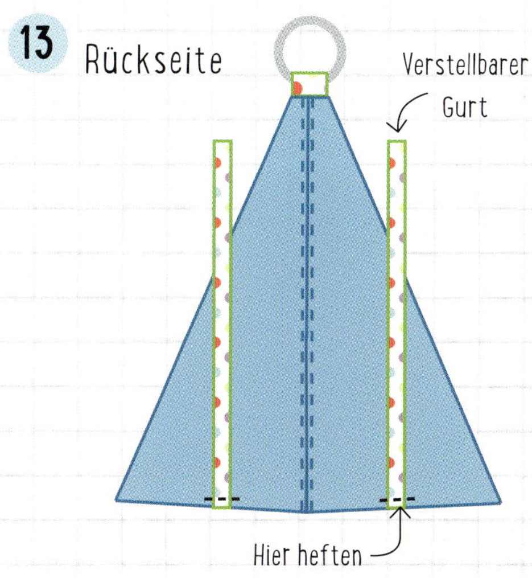

14. Den Reißverschluss ganz öffnen und das Hauptteil wieder auf links wenden. Am verstärkten Boden und der Unterkante des Hauptteils Viertelmarkierungen anbringen. Den Boden rechts auf rechts an die Unterkante stecken, dabei die Markierungen aufeinander ausrichten. Der Boden wird so eingesetzt, dass die senkrechten Nähte des Rucksacks in der vorderen und hinteren Mitte liegen. Sitzt der Boden richtig? Dann wird er geheftet und eingenäht. Anschließend den Rucksack auf rechts wenden.

Das Einnähen des Bodens ist einfacher, wenn Sie zuerst am Umfang von Boden und Unterkante Viertel markieren und die Teile dort zusammenstecken.

15. An den Futter-Hauptteilen die Oberkanten 5 mm nach links umbügeln. Zwei Hauptteile rechts auf rechts aufeinanderlegen und nur an den beiden Seiten zusammennähen. Den Boden ins Futter einsetzen (siehe Schritt 14).

16. Das Futter nicht auf rechts wenden. Die oberen Ecken wie in der Abbildung unten umfalten und entlang der unversäuberten Kanten zusammennähen.

17. Das Futter (linke Seite außen) ins Hauptteil (rechte Seite außen) schieben. Die eingeschlagene Kante des Futters gleichmäßig innen am Reißverschluss feststecken und rings um den Reißverschluss von Hand mit kleinen Leiterstichen festnähen (siehe „Nützliche Stiche", Seite 111).

18. Einen Schultergurt durch einen Ring auf der Vorderseite ziehen. Das Ende etwa 2,5 cm breit umfalten, dabei wird der Ring umschlossen. Feststeppen. Mit dem anderen Schultergurt wiederholen.

19. Das andere Ende eines Schultergurts um den Querriegel eines Einhand-Verstellers legen und 2,5 cm breit umfalten. Feststeppen. Mit dem freien Ende des anderen Gurts ebenso verfahren.

20. Die mit den Verstellern ausgestatteten Enden der Gurte durch einen Ring auf der Rückseite des Rucksacks ziehen. Die losen Enden der Gurte, die am unteren Ende des Rucksacks festgenäht sind, durch die Versteller fädeln und die Länge passend einstellen (siehe „Verstellbare Tragegurte", Seite 116).

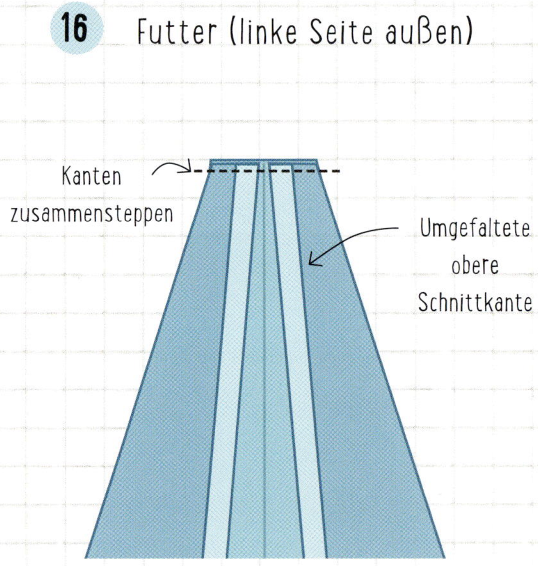

MESSENGER BAG

Diese trendige Kuriertasche ist ein zuverlässiger Begleiter im Alltag. Sie ist groß genug für Bücher und Unterlagen. Zwei Fächer und eine Unterteilung im Inneren sorgen dafür, dass Ordnung herrscht und alles leicht zu finden ist. Mit den Stoffen können Sie es bunt treiben oder auf coolen Minimalismus setzen, ganz nach Geschmack.

SCHWIERIGKEITSGRAD:

Material

- 61 cm fester Dekostoff in Schwarz für Hauptteil und Unterteilung
- 38 cm gemusterter Dekostoff in Pink
  für Taschenklappe, Boden und Innentasche
- 40 cm Patchwork-Stoff in Schwarz-Weiß gestreift
  für Futter und Verschlusshalter
- 1 m dünnes Volumenvlies zum Aufbügeln
- 15 x 15 cm leichte, gewebte Bügeleinlage
- 1,1 m Baumwoll-Gurtband in Pink, 4,5 cm breit
- flache, breite Hakenschließe in Silber

Fertige Größe: 37 x 29 cm ohne Griff

Zuschnitt

1. Das Schnittmusterteil für die Klappe (siehe Schnittmusterbogen) auf Transparentpapier oder Schablonenkunststoff durchpausen und auf den Umrisslinien ausschneiden.

2. Aus dem schwarzen Stoff zwei Stücke von 35,5 x 39,5 cm für das Hauptteil und zwei Stücke von 30 x 29 cm für die Unterteilung zuschneiden.

3. Den gemusterten Stoff in Pink doppelt legen, die Vorlage für die Klappe darauf übertragen und auf der Linie ausschneiden (ergibt zwei Klappenteile). Außerdem einen Streifen von 36 x 7,5 cm für den Boden und ein Stück von 28 x 28 cm für die Innentasche zuschneiden.

4. Aus schwarz-weiß gestreiftem Stoff zwei Stücke von 36 x 39,5 cm für das Futter und ein Stück von 28 x 28 cm für die Innentasche zuschneiden. Außerdem zwei Stücke von 12,5 x 7 cm für den unteren Verschlusshalter und zwei Stücke von 10 x 7 cm für den oberen Verschlusshalter zuschneiden.

5. Aus dem dünnen Volumenvlies zum Aufbügeln vier Stücke von 35,5 x 39,5 cm für Hauptteil und Futter zuschneiden. Die Vorlage für die Klappe einmal übertragen und ausschneiden. Außerdem ein Stück von 30 x 29 cm für die Unterteilung, einen Streifen von 35,5 x 5 cm und ein Stück von 28 x 28 cm für die Innentasche zuschneiden.

6. Aus der gewebten Bügeleinlage ein Stück von 7 x 12,5 cm für den unteren Verschlusshalter und eins von 7 x 10 cm für den oberen Verschlusshalter zuschneiden.

Vorbereitung

1. Das Volumenvlies auf die Hauptteile, die Futterteile und die Hälfte der Teile für Klappe, Innentasche und Unterteilung bügeln.

2. Die gewebte Einlage auf je eins der Teile für den oberen und unteren Verschlusshalter bügeln.

Nähen

Die Nahtzugabe beträgt an allen Teilen 5 mm.

1. Zwei schwarze Hauptteile rechts auf rechts aufeinanderlegen und nur entlang der 35,5 cm langen Unterkante zusammennähen. Die Nahtzugaben auseinanderbügeln.

2. Das 35,5 x 5 cm große Stück Volumenvlies mittig auf das 35,5 x 7,5 cm große Stück aus gemustertem Stoff in Pink bügeln, sodass die Stoffränder an den Schmalseiten 1,5 cm überstehen. Diese Stoffüberstände zur linken Stoffseite falten und sorgfältig bügeln. Das ist der Boden der Tasche.

3. Zwei untere Verschlusshalter rechts auf rechts aufeinanderlegen, die 12,5 cm langen Kanten zusammennähen, wenden und bügeln. Durch das Verschlussteil mit der Öse ziehen und das Ende umfalten, sodass eine Schlaufe entsteht. Die unversäuberten Schmalseiten aufeinanderheften (siehe „Nützliche Stiche", Seite 110/111), um die Öse zu fixieren.

4. Das Hauptteil aus Schritt 1 ausbreiten und auf die Arbeitsfläche legen. Die rechte Stoffseite liegt oben, die Bodennaht liegt flach. Den Boden mit der rechten Stoffseite nach oben mittig auf die Naht legen. Er ragt jeweils 2,5 cm auf Vorder- und Rückseite der Tasche. Die 1,5 cm breiten eingeschlagenen Kanten dürfen sich nicht öffnen. Die Schnittkanten des unteren Verschlusses in etwa 9 cm Abstand zur rechten Taschenkante 1 cm unter den Boden schieben. Alle Teile gut feststecken, dann die beiden Längskanten des Bodens auf die Tasche steppen (siehe „Nützliche Stiche", Seite 110/111). Dabei wird der Verschlusshalter mitgefasst.

5. Die Hälften des Hauptteils wieder rechts auf rechts legen, Ober- und Seitenkanten genau aufeinander ausrichten. Beide Seiten von oben nach unten zunähen.

6. Die Tasche nicht auf rechts wenden, sondern zuerst an beiden unteren Ecken 5 cm breite Dreiecke von einer Kante des Bodens zur anderen abnähen (siehe „Ecken nähen", Seite 122). Die überstehenden Stoffzipfel etwa 1,5 cm außerhalb der Nahtlinien abschneiden.

Die Nähte an den Ecken zur Verstärkung mehrmals steppen – aber Vorsicht, der Stoff ist hier sehr dick. Nicht die Nadel verbiegen.

4 Hauptteil (ausgebreitet)

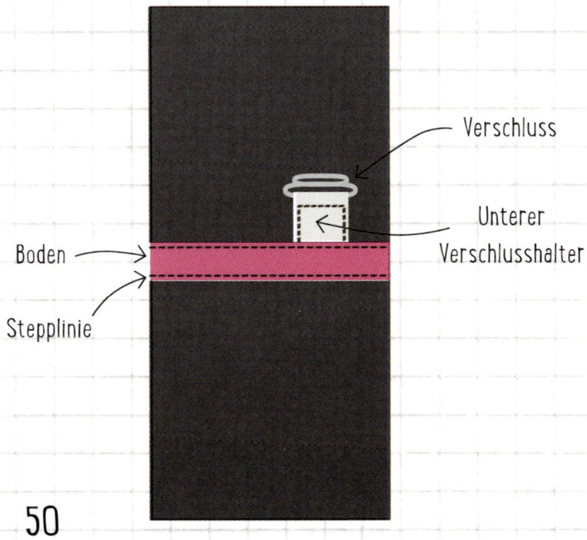

8 Klappe in Pink

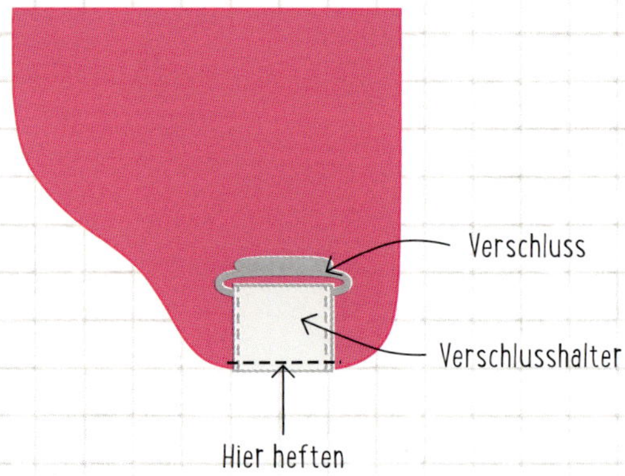

7. Die beiden oberen Verschlusshalter rechts auf rechts aufeinanderlegen. Beide 10 cm langen Kanten zusammennähen, dann wenden und bügeln. Die 10 cm langen Kanten absteppen. Ein Ende des Streifens durch die Hakenseite eines Verschlussteils ziehen, zur Schlaufe legen und die unversäuberten Kanten zusammenheften. Der Verschluss wird von der Schlaufe gehalten.

8. Den Verschlusshalter rechts auf rechts auf die Klappe in Pink legen (siehe Abbildung auf Seite 50), dabei die gestrichelte Linie auf dem Schnittmuster beachten und die Schnittkanten aufeinander ausrichten. Heften.

9. Die beiden Klappenteile rechts auf rechts aufeinanderlegen, Seiten- und Unterkanten zusammennähen. Die gerade Oberkante bleibt zum Wenden offen. Wenden und sorgfältig bügeln. Die zusammengenähten Kanten absteppen, die offenen Oberkanten mit der Nähmaschine zusammenheften.

10. Die Taschenklappe mittig rechts auf rechts auf die Taschenrückseite legen. Die Schnittkanten zusammenheften (siehe Abbildung unten).

11. Das Gurtband auf die gewünschte Länge schneiden. Die Enden rechts auf rechts mittig und kantenbündig auf die Seitennähte des Hauptteils stecken. Das Hauptteil vorerst beiseitelegen.

Die Länge des Gurtbands kann entsprechend der Körpergröße angepasst werden. Ich habe 1,1 m verwendet, aber ich bin auch sehr groß!

12. Die beiden Teile für die Innentasche rechts auf rechts aufeinanderlegen und ringsherum zusammennähen, dabei an einer Seite eine 7,5 cm lange Öffnung zum Wenden lassen. Die Nahtzugaben an den Ecken abschneiden, wenden und sorgfältig bügeln. Die Oberkante der Innentasche doppelt absteppen.

13. Ein Futterteil auf die Arbeitsfläche legen, die rechte Stoffseite liegt oben. Die Innentasche in ca. 7,5 cm Abstand zur Oberkante mittig auf das Futterteil stecken, dann Seiten- und Unterkanten feststeppen. Wenn Sie möchten, können Sie die Innentasche in der Mitte senkrecht von oben nach unten absteppen, um sie in zwei Fächer zu unterteilen.

14. Die beiden Stoffstücke für die Unterteilung rechts auf rechts aufeinanderlegen. Die beiden 30 cm langen Kanten zusammennähen, auf rechts wenden und sorgfältig bügeln. Die beiden 30 cm langen Kanten doppelt absteppen.

10 Rückseite

13 Taschenfutter

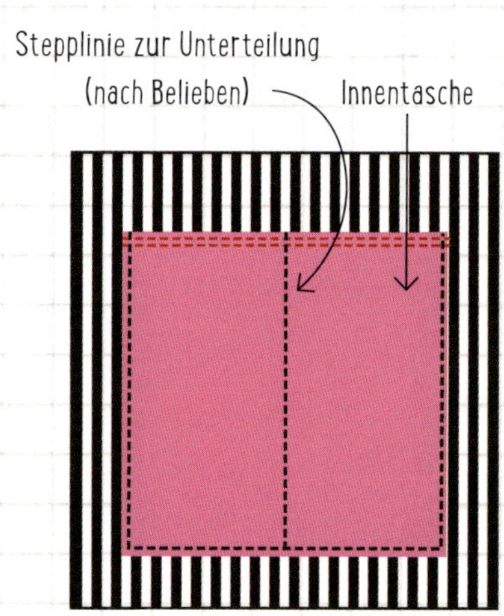

15. Vorder- und Rückseite des Futters rechts auf rechts aufeinanderlegen. Die Unterteilung zwischen diese beiden Lagen schieben. Eine Schnittkante der Unterteilung muss bündig an der linken Seitenkante der Futterteile liegen. Ihre Unterkante liegt 4,5 cm oberhalb der Futter-Unterkante.

16. Die linke Seite der Futterteile zusammennähen, dabei die Unterteilung mitfassen. Die Unterkanten der Futterteile zusammennähen, dabei in der Mitte eine 18 cm lange Öffnung zum Wenden lassen. Jetzt die andere unversäuberte Kante der Unterteilung bündig zwischen die beiden rechten Futterkanten legen. Sorgfältig stecken oder heften, denn die Unterteilung ist schmaler als das Futter. Auch hier einen Abstand von 4,5 cm zur Futter-Unterkante einhalten. Die gesteckten oder gehefteten Kanten zusammennähen.

17. Das Futter nicht auf rechts wenden. Zuerst die beiden unteren Ecken in einer Breite von 5 cm abnähen. Den überschüssigen Stoffzipfel etwa 5 mm neben der Nahtlinie abschneiden.

18. Das Hauptteil (rechte Seite außen) ins Futter (linke Seite außen) schieben. Gurt und Verschlüsse liegen zwischen den beiden Stofflagen. Darauf achten, dass sie nicht versehentlich beim Zusammennähen mitgefasst werden. Die Oberkanten von Tasche und Futter zusammenstecken, dann ringsherum zusammennähen. Die Tasche durch die Öffnung im Boden des Futters auf rechts wenden und das Futter ins Hauptteil schieben. Die Oberkante der Tasche absteppen. Zuletzt die Öffnung im Boden von Hand mit kleinen Leiterstichen (siehe „Nützliche Stiche“, Seite 110/111) zunähen.

VARIATION

Die robuste Tasche eignet sich auch für Kinder sehr gut. Kürzen Sie einfach das Gurtband auf eine Länge, die dem Kind gut passt.

Breite Hakenverschlüsse gibt es im Fachhandel und in Onlineshops. Wer nicht fündig wird, lässt einfach die Verschlusshalter weg und bringt einen Magnetverschluss an.

LÄSSIGE HOBO BAG

Diese kunterbunte Tasche in trendiger Halbmondform ist schnell und einfach genäht – ein ideales Projekt für Einsteiger. Dinge, die schnell zur Hand sein sollen, werden in der kleinen Extratasche auf der Vorderseite verstaut. Die Griffe sind so lang, dass man die Tasche bequem über der Schulter tragen kann, und die bunten Muster machen garantiert gute Laune.

SCHWIERIGKEITSGRAD: 🔒

Material

- 28 cm gemusterter Stoff beliebiger Stärke (oder 40,5 cm, wenn das Muster einen Rapport hat)
- 28 cm Stoff beliebiger Stärke in Korallenrot
- 5 cm Stoff in Lila gemustert für Griff und Verschlussstreifen
- 40,5 cm Stoff in Grün für das Futter
- 55 cm dünnes Volumenvlies zum Aufbügeln
- Passender Knopf, 3 cm Durchmesser
- Magnetverschluss

Fertige Größe: 50 x 43 cm einschließlich Griff

Zuschnitt

1. Alle Schnittmusterteile (siehe Schnittmusterbogen) auf Transparentpapier oder Schablonenkunststoff durchpausen, dabei auch alle Markierungen übertragen. Die Teile auf den Umrisslinien ausschneiden.

2. Aus dem gemusterten Stoff zwei Stücke von 40,5 x 28 cm für die Außenseite des Hauptteils zuschneiden. Den restlichen Stoff doppelt legen, die kleine Vortasche darauf übertragen und durch beide Stofflagen ausschneiden (ergibt zwei Taschenteile).

3. Aus dem korallenroten Stoff zwei Stücke von 40,5 x 28 cm für die Außenseite des Hauptteils zuschneiden.

4. Aus lila gemustertem Stoff zwei Streifen von 38 x 5 cm für den Griff und zwei von 16,5 x 2,5 cm für den Verschlussstreifen zuschneiden.

5. Das Hauptteil zweimal **auf den grünen Futterstoff** übertragen und die Teile auf den gezeichneten Linien ausschneiden.

6. Das Hauptteil zweimal **auf das dünne Volumenvlies** übertragen und auf den Umrisslinien ausschneiden. Das Rechteck in der oberen Mitte, das auf dem Schnittmusterbogen mit einer gestrichelten Linie eingezeichnet ist, ausschneiden. Für den Griff einen Streifen von 38 x 5 cm zuschneiden. Die kleine Vortasche auf das Vlies übertragen und auf der Konturlinie ausschneiden.

Vorbereitung

1. Die kleine Vortasche und einen der Stoffstreifen für den Griff mit den zugeschnittenen Teilen aus Volumenvlies verstärken.

VARIATION

Wenn Sie gern einen längeren Griff hätten, schneiden Sie einfach die Streifen aus Stoff und Vlies in der gewünschten Länge zu.

Nähen

Die Nahtzugabe beträgt an allen Teilen 5 mm.

1. Je ein gemustertes und ein korallenrotes Teil für die äußere Tasche rechts auf rechts aufeinanderlegen und an der geraden Kante (= Mitte) zusammennähen. Die Nahtzugaben auseinanderbügeln. Die beiden anderen Teile ebenso, aber in spiegelbildlicher Farbanordnung zusammennähen.

2. Das Schnittmuster für das Hauptteil der Tasche auf eines der zusammengesetzten Stücke legen, die Mittellinie muss genau auf der Naht liegen. Die Form ausschneiden. Mit dem zweiten zusammengesetzten Stoffstück ebenso verfahren. Beide Teile mit dem zugeschnittenen Volumenvlies verstärken, dann die Mittelnähte beider Teile auf beiden Seiten absteppen.

3. Für die Falten in der oberen Mitte des Vorderteils die Punkte, die auf dem Schnittmuster mit einem Stern markiert sind, zur Mitte falten. Sie sollen an der Oberkante auf der Mittelnaht zusammentreffen. Die Falten von oben nach unten 4 cm weit feststeppen (siehe „Nützliche Stiche", Seite 110/111). Die Falten auf der Taschenrückseite ebenso arbeiten.

4. Die Abnäher an den unteren Rundungen von Vorder- und Rückseite nähen (siehe „Abnäher", Seite 117).

5. Schritt 3 und 4 mit den Teilen für das Futter wiederholen.

6. Eine Schmalseite des Verschlussstreifens 5 mm nach links umbügeln. Den Streifen längs zur Hälfte falten und bügeln. Wieder öffnen, die unversäuberten Längskanten an den Mittelkniff legen und bügeln. Den Streifen wieder zur Hälfte falten – die Schnittkanten liegen jetzt innen. Die offenen Längskanten zusammensteppen.

Als Verschlussstreifen können Sie auch ein Stück dünne Kordel oder Borte verwenden. Wichtig ist, dass das Material häufiger Benutzung standhält und dass es dünn genug ist, um hinter den Knopf zu passen.

7. Die Abnäher der kleinen Taschenteile nähen (siehe „Abnäher", Seite 117).

8. Das Vorderteil der kleinen Vortasche und den Streifen für den Verschluss rechts auf rechts aufeinanderlegen. Die unversäuberten Kanten liegen in der oberen Mitte aufeinander. Zusammenheften (siehe „Nützliche Stiche", Seite 110/111).

3 Hauptteil, Vorderseite

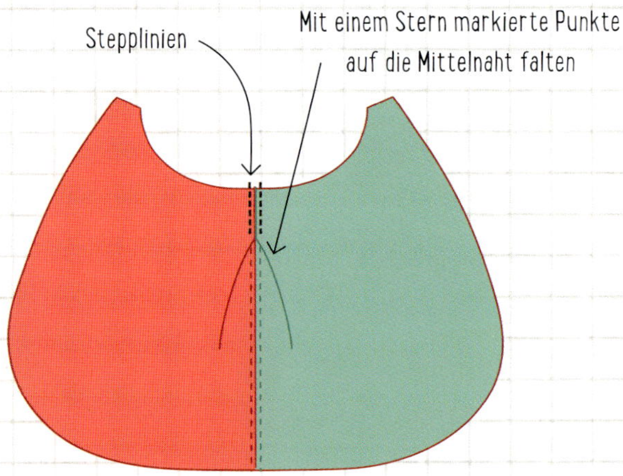

8 Vortasche, Vorderteil

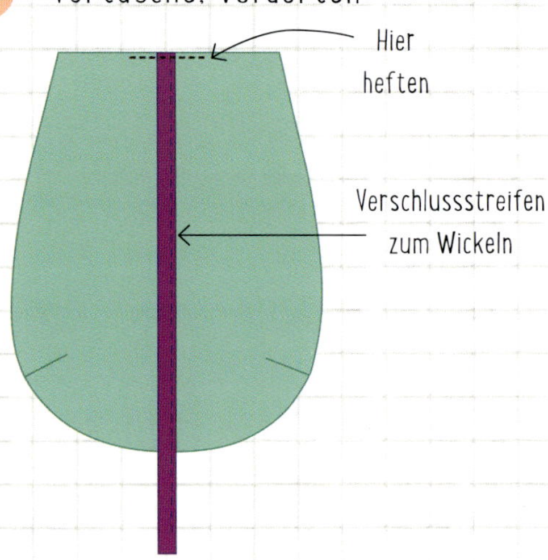

9. Die beiden Teile für die kleine Vortasche rechts auf rechts aufeinanderlegen und ringsherum zusammennähen, aber eine 5 cm lange Öffnung zum Wenden lassen. Das lose Ende des Verschlussstreifens nicht versehentlich mitfassen. Die Nahtzugaben an den oberen Ecken schräg abschneiden. Die Tasche wenden, bügeln und die Oberkante doppelt absteppen.

10. Die Vortasche auf die Vorderseite des Hauptteils legen. Orientieren Sie sich dabei an den Fotos. Beide Teile zeigen mit der rechten Stoffseite nach oben. Seiten- und Unterkanten der Vortasche knappkantig feststeppen.

11. Den Knopf etwa 1,5–2 cm oberhalb der Vortasche sorgfältig festnähen. Das ist wichtig, weil der Verschlussstreifen immer fest um den Knopf gewickelt wird.

12. Vorderes und hinteres Hauptteil rechts auf rechts aufeinanderlegen. Die Mittelnähte und die Abnäher liegen genau aufeinander. Die Seiten- und Unterkanten zusammennähen. Auf rechts wenden. Die beiden Futterteile ebenso zusammennähen, aber in der unteren Mitte eine 22,5 cm lange Öffnung lassen. Das Futter vorerst nicht auf rechts wenden.

13. Das Hauptteil (rechte Seite außen) ins Futter (linke Seite außen) schieben. Beide Teile nur entlang der gekrümmten Oberkanten zusammenheften, dann zusammennähen. An den Enden bleiben kurze, abgeschrägte Stücke offen. Hier wird der Griff eingefügt. Die Tasche noch nicht auf rechts wenden. Die Nahtzugaben an den Rundungen einschneiden.

14. Die beiden Streifen für den Griff rechts auf rechts aufeinanderlegen und zusammennähen, aber eine Schmalseite offen lassen. Auf rechts wenden (siehe „Griffe wenden", Seite 114). Das zusammengenähte Ende knapp abschneiden, dann den Griff bügeln. In Längsrichtung in Abständen von 3 mm absteppen (siehe Foto unten).

15. Die Tasche bleibt weiterhin auf links gedreht. Die offenen Kanten an einer der oberen Ecken so schieben, dass der Außenstoff auf dem Futterstoff liegt. Ein Ende des Griffs durch die Öffnung in der Futternaht schieben und seine Schmalseite so zwischen Hauptteil und Futter schieben, dass sie bündig mit deren Schnittkanten abschließt. Festnähen.

16. Das andere Ende des Griffs ebenfalls durch die Öffnung in der Futternaht in die andere offene Ecke schieben und ebenso festnähen. Darauf achten, dass der Griff nicht verdreht wird! Die Nahtzugaben an den Ecken schräg abschneiden, dann die Tasche auf rechts wenden. Die gesamte Oberkante der Tasche absteppen.

17. Den Magnetverschluss mittig etwa 1,5 cm unter der Oberkante ins Futter einsetzen (siehe „Magnetverschlüsse einsetzen", Seite 113). Zum Schluss die Öffnung in der Futternaht von Hand zunähen.

PEPPIGE WICKEL-TASCHE

Wer Kinder hat, muss eine Menge mit sich herumtragen! In dieser praktischen Wickeltasche findet alles Platz, was ein Baby unterwegs so braucht. Für Schnuller, Rasseln und eine kleine Zwischenmahlzeit sind genügend Fächer vorhanden und eine waschmaschinenfeste Wickelunterlage gehört auch dazu. Der Tragegurt ist verstellbar und passt über die Schulter oder den Kinderwagen-Bügel.

SCHWIERIGKEITSGRAD:

Material

- 91,5 cm fester Baumwollstoff mit Druck ohne Rapport für Hauptteil und Matte (bei einem Muster mit Rapport brauchen Sie ca. 38 cm mehr)
- 91,5 cm gemusterter Baumwollstoff in Rot ohne Rapport für das Futter
- 55 cm Stoff in Rot (Baumwoll-Leinen-Mischung) für Innentaschen und Besätze
- 1,4 m dünnes Volumenvlies zum Aufbügeln
- 53,5 x 33 cm mittleres bis dickes Volumenvlies (zum Einnähen) für die Wickelmatte
- 1,65 m Gurtband in Schwarz, 5 cm breit
- 2 längliche Ringe, 5 cm breit
- Länglicher Gurtversteller (Leiterschnalle), 5 cm breit
- Großer Knopf (nach Belieben selbst bezogen)
- 2 m Schrägband, 2,5 cm breit, oder genug Stoff, um selbst Schrägstreifen zuzuschneiden
- 10 cm Klettband (Flausch- und Hakenseite)

Fertige Größe: Wickeltasche: 36 x 43 cm einschließlich Tragegurt
Wickelmatte: 53,5 x 33 cm

Zuschnitt

1. Alle Schnittmusterteile (siehe Schnittmusterbogen) auf Transparentpapier oder Schablonenkunststoff durchpausen, dabei auch alle Markierungen übertragen. Die Teile auf den vorgezeichneten Linien ausschneiden.

2. Aus dem bedruckten Baumwollstoff zwei Stücke von 16,5 x 23 cm für die Außentaschen zuschneiden. Das Schnittmuster für das Hauptteil zweimal auf den restlichen Stoff übertragen und auf den gezeichneten Linien ausschneiden. Für die Wickelmatte ein Rechteck von 52,5 x 32,5 cm zuschneiden.

3. Aus dem rot gemusterten Futterstoff für die Wickelmatte ein Rechteck von 53,5 x 33 cm zuschneiden. Das Schnittmuster für das Hauptteil zweimal auf den restlichen Stoff übertragen und auf den gezeichneten Linien ausschneiden.

4. Aus dem einfarbig roten Stoff zwei Streifen von 23 x 7,5 cm zuschneiden. Für die Innentaschen vier Stücke von je 34,5 x 25 cm zuschneiden. Die Schnittmuster für Außentasche und kleine Verschlussklappe zweimal auf den Stoff übertragen und auf den gezeichneten Linien ausschneiden.

5. Auf das dünne Volumenvlies zum Aufbügeln das Hauptteil viermal übertragen und auf den Umrissen ausschneiden. Zwei Rechtecke von 34,5 x 25 cm für die Innentaschen zuschneiden. Außerdem aus dünnem Volumenvlies gemäß Schnittmuster einmal die Verschlussklappe und zweimal die Außentasche zuschneiden.

Vorbereitung

1. Die Hauptteile aus Außenstoff und Futterstoff, zwei Innentaschen und eine Verschlussklappe mit den zugeschnittenen Teilen aus dünnem Volumenvlies verstärken.

2. Wenn Sie den Knopf selbst beziehen, verstärken Sie ein Motiv aus dem gemusterten Stoff mit etwas Volumenvlies und verwenden Sie dies zum Beziehen. Bitte beachten Sie die Verarbeitungshinweise des Herstellers.

Falls nötig, drehen Sie die Schnittmuster für das Hauptteil um 90 Grad, damit Sie zwei Teile nebeneinander aus der Stoffbreite zuschneiden können.

Nähen

Die Nahtzugabe beträgt an allen Teilen 5 mm.

WICKELTASCHE

1. Eines der 16,5 x 23,5 cm großen Stücke für die Außentaschen rechts auf rechts auf einen der 23,5 x 7,5 cm großen roten Stoffstreifen legen und an einer 23,5 cm langen Kante zusammennähen. Bügeln. Die Vorlage für die Außentasche (siehe Schnittmusterbogen) auf den zusammengesetzten Stoff übertragen und die markierte Linie auf der Naht ausrichten. Das Teil ausschneiden und mit dem zugeschnittenen Volumenvlies verstärken. Die Ansatznaht zwischen den beiden Stoffen absteppen. Das zweite Außentaschenteil ebenso vorbereiten.

2. Ein Außentaschenteil aus Schritt 1 rechts auf rechts auf eins der Außentaschenteile aus rotem Futterstoff legen. Seiten- und Oberkanten zusammennähen. Die Nahtzugaben an den Ecken schräg abschneiden, wenden und bügeln. Die gerundete Oberkante absteppen. Die zweite Außentasche ebenso verarbeiten.

3. An der Unterkante einer Außentasche Fältchen einlegen (siehe Foto unten). Dafür die inneren Markierungen (siehe Schnittmusterbogen) auf die äußeren legen. Die Fältchen entlang der Stoffkante mit Heftstichen fixieren (siehe „Nützliche Stiche", Seite 110/111). Die zweite Außentasche ebenso vorbereiten.

4. Das Klettband mit der Flauschseite 6 cm unter der oberen Stoffkante mittig auf eins der Hauptteile legen (siehe Abbildung unten) und feststeppen (siehe „Nützliche Stiche", Seite 110/111). Dies wird das Vorderteil der Tasche.

5. Die beiden Hauptteile rechts auf rechts aufeinanderlegen und nur an einer Seitenkante zusammennähen. Bügeln. Auf der Arbeitsfläche ausbreiten, die rechte Stoffseite liegt oben. Eine der Außentaschen mittig auf die Naht legen (siehe Abbildung Seite 65) und entlang der Seiten- und Unterkanten feststeppen.

6. Die beiden Hauptteile wieder rechts auf rechts legen und die andere Seitennaht schließen. Die zweite Außentasche mittig auf dieser Naht feststecken und wie in Schritt 5 feststeppen.

7. Vorder- und Rückseite wieder so aufeinanderlegen, dass die Nähte seitlich verlaufen. Die Unterkante zusammennähen, aber die eingezogenen Ecken offen lassen.

8. Nun die unteren Ecken zusammennähen (siehe „Ecken nähen", Seite 122), dabei die Unterkanten der Taschen mitfassen.

9. Ein verstärktes und ein unverstärktes Innentaschen-Teil rechts auf rechts aufeinanderlegen. Alle vier Kanten zusammensteppen, aber in der Unterkante eine 10 cm lange Öffnung zum Wenden lassen. Die Nahtzugaben an den Ecken schräg abschneiden, wenden und bügeln. Die 33 cm lange Oberkante doppelt absteppen. Die zweite Innentasche ebenso vorbereiten.

10. Eine Innentasche mittig auf ein Hauptteil aus Futterstoff legen. Beide zeigen mit der rechten Stoffseite nach oben, die obere Taschenkante liegt etwa 7,5 cm unter der Futteroberkante. Seiten- und Unterkanten feststeppen. Die zweite Innentasche ebenso auf das andere Futterteil nähen.

Wenn Sie möchten, können Sie eine oder beide Innentaschen durch weitere senkrechte Stepplinien in kleinere Fächer unterteilen.

Sie wird anschließend in der Mitte von oben nach unten abgesteppt, sodass zwei Fächer entstehen (siehe Abbildung unten).

11. Die beiden Futterteile rechts auf rechts aufeinanderlegen. Nur die Seiten- und Unterkanten zusammennähen, aber in der Unterkante eine 20 cm lange Öffnung zum Wenden lassen. Danach die Ecken wie beim Hauptteil in Schritt 8 verarbeiten.

12. Ein 7,5 cm langes Stück schwarzes Gurtband durch einen der länglichen Ringe ziehen, zur Schlaufe legen und die Schnittkanten zusammenheften. Den Ringhalter so an eine der Seitennähte des Hauptteils legen, dass die Schnittkanten von Gurtband und Taschenseite aufeinanderliegen. Das Gurtband festheften. Einen zweiten Ringhalter ebenso auf der anderen Seite anbringen.

13. Das Hauptteil (rechte Seite außen) ins Futter (linke Seite außen) schieben. Die Oberkanten zusammennähen. Durch die Öffnung in der Futternaht auf rechts wenden und die Öffnung im Futter von Hand mit Leiterstichen schließen (siehe „Nützliche Stiche", Seite 110/111).

5 Taschenfutter

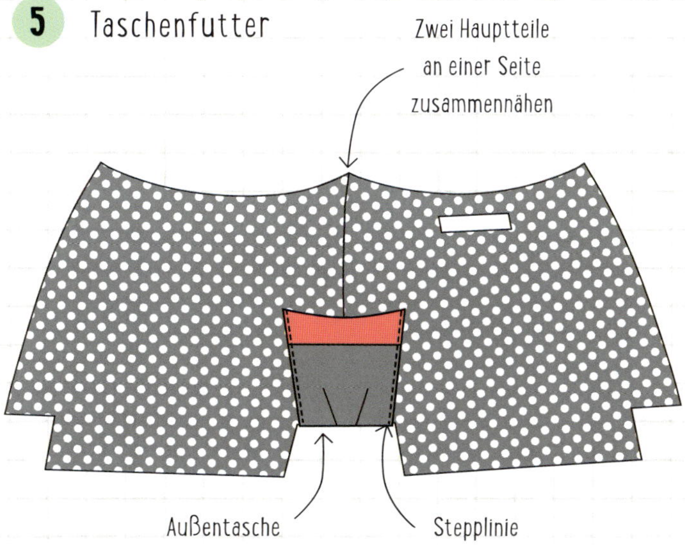

10 Zwei Hauptteile

14. Die Hakenseite des Klettbandes mittig in 2,5 cm Abstand zu einer geraden Kante auf dem unverstärkten Teil des Taschenverschlusses feststecken und feststeppen (siehe Abbildung unten).

Achten Sie beim Festnähen der hinteren Kante der Verschlussklappe darauf, dass das Futter im Inneren glatt liegt und keine unordentlichen Fältchen wirft.

15. Die beiden Verschlussteile rechts auf rechts aufeinanderlegen und ringsherum zusammennähen. Dabei an einer Kante eine 5 cm lange Öffnung zum Wenden lassen. Die Nahtzugaben an den Ecken schräg abschneiden. Wenden und bügeln, dann die Kanten ringsherum absteppen. Die Hakenseite an der Verschlussklappe und die Flauschseite an der Tasche genau aufeinanderlegen. Das andere Ende des Verschlusses über die Tasche legen und feststecken. Die hintere Kante der Verschlussklappe auf die Rückseite der Tasche steppen.

16. Ein Ende des 1,5 m langen Gurtbands um den Steg des Gurtverstellers legen (siehe „Verstellbare Tragegurte", Seite 116), dann das Band an den beiden länglichen Ringen befestigen. Die unversäuberten Schmalseiten des Gurtbands einschlagen und feststeppen (siehe Foto unten).

17. Den bezogenen Knopf auf die Vorderseite der Verschlussklappe nähen. Da er nur zur Verzierung dient, können Sie ihn auch weglassen oder einen anderen einfarbigen Knopf wählen.

WICKELMATTE

18. Den Oberstoff für die Wickelmatte ausbreiten, die rechte Stoffseite liegt unten. Das mittelstarke bis dicke Volumenvlies zum Einnähen darauflegen und darauf den Stoff für die Rückseite der Wickelmatte (rechte Stoffseite nach oben) ausbreiten. Die Lagen gut zusammensteppen und in einem Muster nach Wahl quilten. Ich habe ein diagonales Raster mit Abständen von 5 cm gequiltet.

19. Ein 33 cm langes Stück Schrägband an einem Ende öffnen, die Schnittkante einschlagen. Das Band wieder zusammenfalten (rechte Seite nach außen), der Länge nach zur Hälfte legen und bügeln. Das gefaltete Band zusammensteppen. Dies ist ein Bindeband, ein zweites Band ebenso nähen. Die Bänder so auf die Oberseite der Wickelmatte legen, dass ihre Schnittkanten in der oberen Mitte bündig mit der Mattenkante abschließen. Festheften.

20. Die restlichen Schrägbänder der Länge nach zur Hälfte falten (rechte Seite nach außen) und bügeln. Mit diesen Bändern die Matte einfassen (siehe „Einfassungen", Seite 119), dabei die Ecken als Briefecken arbeiten (siehe „Briefecken", Seite 120).

21. Die Wickelmatte aufrollen und die beiden Bänder zur Schleife binden.

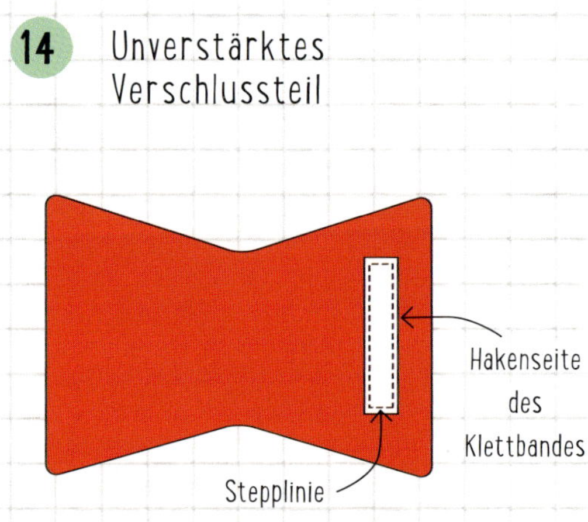

FÜR ECHTE SHOPAHOLICS

Ein echter Shopaholic hat Stilgefühl und das hört auch bei der Einkaufstasche nicht auf. In diesen geräumigen Shopper passt eine Menge, nur für den Kaufrausch im Möbelhaus ist er vielleicht zu klein. Er hat einen stabilen Boden und eignet sich auch für einen ordentlichen Einkauf auf dem Wochenmarkt. Brauchen Sie eine Tasche für das Strickzeug oder eine Strandtasche? Auch dafür ist dieses Modell ideal.

SCHWIERIGKEITSGRAD:

Material

- ☐ 76 cm Dekostoff in Taupe für die Mittelteile
- ☐ 36 cm Dekostoff in Rot mit Bogenmuster für die gestreiften Seitenteile und den Boden
- ☐ 20 cm Dekostoff in Grün für die gestreiften Seitenteile
- ☐ 76 cm dünnes Volumenvlies zum Aufbügeln
- ☐ 1 m Baumwoll-Gurtband in Beige, 4 cm breit
- ☐ Magnetverschluss
- ☐ Großer Knopf in Rot
- ☐ 34 x 16 cm großer Taschenboden, schwerer Karton oder stabiler Schablonenkunststoff

Fertige Größe: 43 x 30 cm ohne Griffe

Zuschnitt

1. Alle Schnittmusterteile (siehe Schnittmusterbogen) auf Transparentpapier oder Schablonenkunststoff durchpausen, dabei auch die Markierung für den Magnetverschluss übertragen. Die Teile auf den gezeichneten Linien ausschneiden.

2. **Den taupefarbenen Stoff** doppelt legen. Vorlage A zweimal auf den Stoff übertragen und auf den Umrisslinien ausschneiden (ergibt vier Teile). Vorlage B „kopfüber" drehen, auf den doppelt liegenden Stoff legen, einmal übertragen und auf den gezeichneten Linien zuschneiden (ergibt zwei Teile).

3. **Aus dem roten Stoff** mit Bogenmuster vier Streifen von je 76 x 6,5 cm zuschneiden. Sie brauchen außerdem zwei Stücke von 35,5 x 18 cm für Hauptteil und Futter-Boden sowie zwei Stücke von 18 x 5 cm.

4. **Aus dem gelben Dekostoff** drei Streifen von 76 x 6,5 cm und ein Stück von 20 x 15 cm zuschneiden.

5. **Das dünne Volumenvlies zum Aufbügeln** doppelt legen. Teil A darauf übertragen und auf den Umrisslinien ausschneiden (ergibt zwei Teile). Außerdem ein Stück von 76 x 37 cm, eins von 20 x 15 cm und eins von 35,5 x 18 cm zuschneiden.

Vorbereitung

1. Das dünne Volumenvlies auf zwei taupefarbene Teile A, einen roten Taschenboden und das 20 x 15 cm große gelbe Stoffteil bügeln.

VARIATION

Wenn es noch schneller gehen soll, schneiden Sie die Seitenteile in einem Stück zu, statt sie aus Streifen zusammenzusetzen.

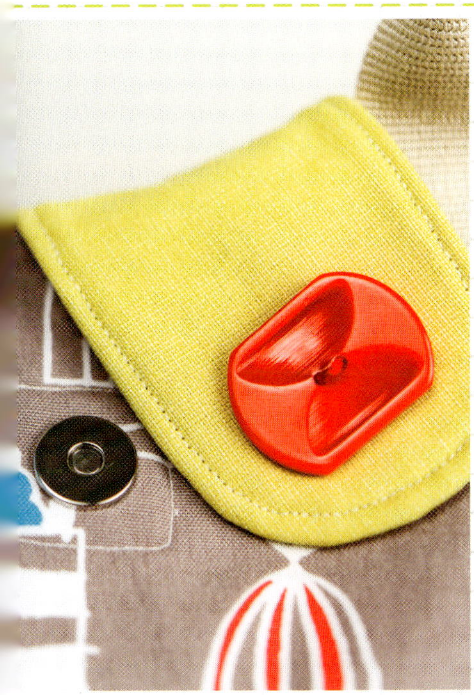

Nähen

Die Nahtzugabe beträgt an allen Teilen 5 mm.

1. Alle 76 x 6,5 cm großen roten und gelben Streifen abwechselnd an einer 76 cm langen Kante zusammenzunähen, um ein gestreiftes Rechteck zu erhalten (siehe Abbildung unten).

Das Patchwork fällt sauber aus, wenn Sie alle Streifen in derselben Richtung zusammennähen.

2. Alle Nahtzugaben auseinanderbügeln. Das zugeschnittene Volumenvlies gleicher Größe auf die Rückseite des gestreiften Rechtecks bügeln. Auf beiden Seiten jeder Naht absteppen (siehe „Nützliche Stiche", Seite 110/111).

3. Das gestreifte Rechteck rechts auf rechts zur Hälfte falten, dabei die Nähte und Streifen exakt aufeinander ausrichten. Vorlage B (siehe Schnittmusterbogen) auf den doppelt liegenden Stoff übertragen und auf den gezeichneten Linien ausschneiden.

4. Ein verstärktes Teil A in Taupe und ein gestreiftes Teil B rechts auf rechts an einer Längsseite aufeinanderlegen (siehe Abbildung unten). Die geraden Kanten zusammennähen, aber 5 mm vor der Unterkante anhalten. Die beiden übrigen verstärkten Teile A und die gestreiften Teile B ebenso zusammensetzen.

5. Die beiden zusammengesetzten Teile aus Schritt 4 zu einer länglichen Bahn zusammensetzen (siehe Abbildung unten). Die Nähte auf der taupefarbenen Seite absteppen, wieder 5 mm vor der Unterkante anhalten. Nun die letzten beiden Längsseiten zusammennähen und die Naht wie zuvor absteppen.

6. Den verstärkten Taschenboden auf die Arbeitsfläche legen (rechte Seite unten). Darauf die beiden 18 x 5 cm großen Streifen aus rotem Stoff legen (rechte Seite nach oben). Der Abstand zu den Seiten beträgt etwa 5 cm (siehe Abbildung Seite 73). Die Streifen festheften (siehe „Nützliche Stiche", Seite 110/111). Sie dienen als Halter für die Boden-Einlage.

7. Eine Längsseite des Bodens rechts auf rechts an die Unterkante eines taupefarbenen Hauptteils legen. Der Boden steht an beiden Seiten ca. 5 mm über. Die Kanten zusammennähen, dabei in 5 mm Abstand zu den Enden des Bodens beginnen und enden (Sie beginnen und enden also exakt an den Nähten des Hauptteils). Die andere Längsseite des Bodens ebenso an die gegenüberliegende Kante eines taupefarbenen Hauptteils nähen.

8. Jetzt eine Schmalseite des Bodens und die entsprechende Unterkante eines roten Hauptteils zusammenstecken und ebenso zusammennähen wie die längeren Kanten (Schritt 5). Die letzte Bodennaht ebenso schließen. Damit ist der Boden eingesetzt.

9. Schritt 4, 5, 7 und 8 mit den Futterteilen wiederholen, diesmal aber in der Mitte einer langen Bodennaht eine 22,5 cm lange Öffnung zum Wenden lassen.

1 Gestreiftes Rechteck

4 Teil A mit Vlies und gestreiftes Teil B

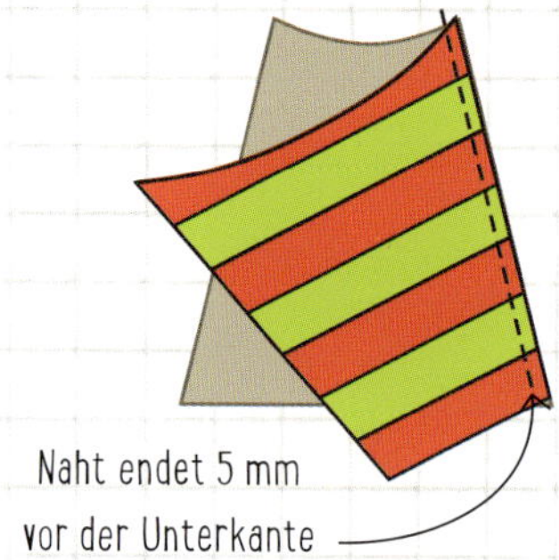

5 Zusammengesetztes Hauptteil

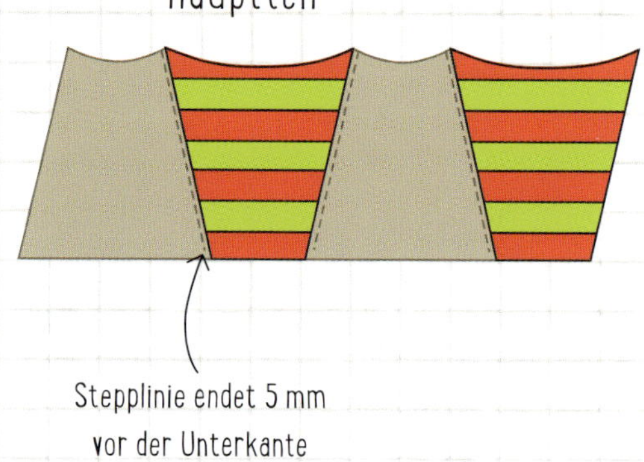

10. Den verstärkten, 20 x 15 cm großen gelben Stoff rechts auf rechts zur Hälfte falten. So entsteht ein Stück von 10 x 15 cm. Die hintere Klappe (siehe Schnittmusterbogen) auf die linke Stoffseite übertragen und die Positionen von Magnetverschluss und Knopf anzeichnen. Das Unterteil des Magnetverschlusses auf der rechten Seite an der markierten Position einsetzen (siehe „Magnetverschlüsse einsetzen", Seite 113), dann den Stoff wieder rechts auf rechts legen.

11. Auf der vorgezeichneten Linie der Klappe entlangnähen, aber die gerade Kante zum Wenden offen lassen. Die Klappe etwa 3–5 mm außerhalb der Nahtlinie ausschneiden, wenden und bügeln. Entlang der genähten Kante absteppen. Den Knopf auf der rechten Seite der Klappe dort annähen, wo auf der linken Seite der Magnetverschluss sitzt.

12. Die Klappe rechts auf rechts auf die Rückseite der Tasche legen und in der Mitte mit der Maschine festheften (siehe Abbildung unten).

13. Das Hauptteil (rechte Seite außen) in das Futter (linke Seite außen) schieben. Die Verschlussklappe so zwischen die Lagen schieben, dass sie nicht versehentlich beim Zusammennähen mitgefasst wird. Die Oberkanten zusammenstecken, dann sorgfältig nähen. Die Nahtzugaben an den Ecken schräg abschneiden. Die Tasche durch die Öffnung in der Futternaht auf rechts wenden, das Futter ins Hauptteil schieben und die Oberkante absteppen.

14. Die Position für das Gegenstück des Magnetverschlusses anzeichnen und diesen ins Vorderteil einsetzen. Dazu greifen Sie durch die Öffnung in der Futternaht (siehe „Magnetverschlüsse einsetzen", Seite 113).

15. Nun die 34 x 16 cm große Boden-Einlage vorsichtig durch die Öffnung in der Futternaht und unter die Halter am Boden des Hauptteils schieben. Falls nötig, die Einlage noch einmal herausnehmen, passend zuschneiden, und wieder einsetzen.

16. Zwei 50 cm lange Stücke Gurtband zuschneiden. Die Enden eines Teils 2,5 cm breit einschlagen und bügeln. Die eingeschlagenen Enden dicht neben der Naht auf das Vorderteil der Tasche legen (siehe Foto unten).

17. Die Enden des Griffs auf das Vorderteil steppen. Den mittleren Bereich des Griffs längs zur Hälfte falten und zusammensteppen. Die Stepplinien beginnen und enden in etwa 2,5 cm Abstand zur Oberkante der Tasche.

18. Für den zweiten Griff Schritt 16–17 wiederholen. Zum Schluss die Öffnung in der Futternaht mit kleinen Leiterstichen schließen (siehe „Nützliche Stiche", Seite 110/111).

Der eingelegte Taschenboden dient zur Versteifung. Sie können jedes steife und stabile Material dafür verwenden.

6 Taschenboden mit Einlage

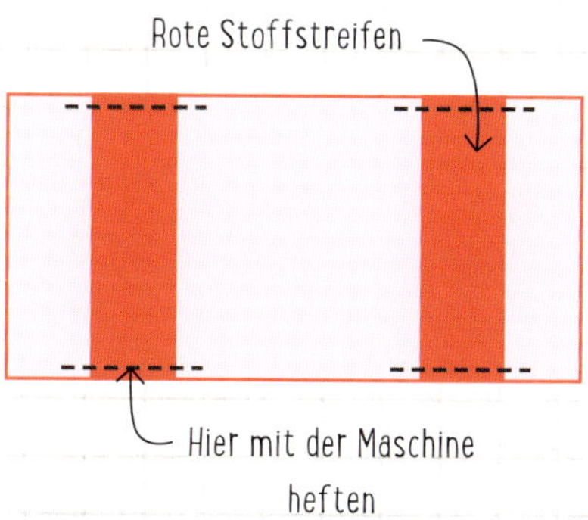

12 Rückseite der Tasche

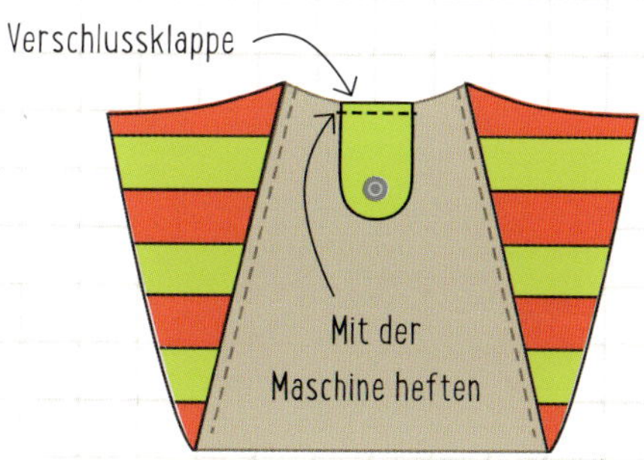

VINTAGE-TASCHE IM MUSTERMIX

Diese bezaubernde Tasche ist eines meiner Lieblingsmodelle. Die hübschen Stoffe, die Blumenknöpfe und die zarten Pastellfarben haben Vintage-Charme und dabei ist das gute Stück absolut alltagstauglich. Das geräumige Hauptteil wird mit einem Reißverschluss sicher verschlossen und oft benutzte Dinge sind in den kleinen Außentaschen schnell zur Hand. Wer diese Tasche hat, will sie nie wieder hergeben.

SCHWIERIGKEITSGRAD:

Material

- 30 cm diagonal karierter Patchworkstoff für das Hauptteil
- 40 cm geblümter Stoff in Türkisblau für Rückseite, Außentaschen und Tragegurt
- 45 cm klein karierter Patchworkstoff in Hellblau-Weiß für Futter, Klappen der Außentaschen und Tragegurt
- 1 Fat Quarter (ca. 50 x 55 cm) Patchworkstoff in Rot (oder 2,5 m vorgefalztes Schrägband in Rot) zum Einfassen der Klappen der Außentaschen
- 1 m dünnes Volumenvlies zum Aufbügeln
- 2 m Kordel in Weiß für Paspeln
- 2 Magnetverschlüsse
- 2 mittelgroße Knöpfe in Rot
- 2 längliche Ringe, 4 cm breit
- 1 Reißverschluss in Rot, mindestens 46 cm lang

Fertige Größe: 22,5 x 31,5 x 11,5 cm ohne Tragegurt

Zuschnitt

1. Alle Schnittmusterteile (siehe Schnittmusterbogen) auf Transparentpapier oder Schablonenkunststoff durchpausen. Die Teile auf den gezeichneten Umrisslinien ausschneiden.

2. Oberteil und Boden je einmal **auf den diagonal karierten Stoff** übertragen und auf den gezeichneten Linien ausschneiden. Aus demselben Stoff einen Streifen von 54,5 x 12,5 cm und zwei Streifen von 39,5 x 6,5 cm zuschneiden.

3. Auf den geblümten Stoff in Türkisblau das Schnittmuster für das Hauptteil übertragen und auf den Linien ausschneiden. Außerdem zwei Stücke von 40,5 x 16,5 cm für die äußeren Taschen, einen Streifen von 1 m x 5 cm für den Tragegurt und zwei Streifen von 15 x 5 cm für die Ringhalter zuschneiden.

4. Aus dem klein karierten Stoff in Hellblau-Weiß für das Futter zwei Hauptteile zuschneiden. Sie benötigen außerdem vier Stücke von 14 x 6,5 cm für die Klappen der Außentaschen und einen Streifen von 1 m x 5 cm für den Tragegurt. Zusätzlich einen Streifen von 54,5 x 12,5 cm und zwei von 39,5 x 6,5 cm zuschneiden.

5. Aus einfarbig rotem Patchworkstoff im schrägen Fadenlauf zwei Streifen von 30 x 4,5 cm zum Einfassen der Taschenklappen sowie vier Streifen von 3 cm Breite und 56 cm Länge (ebenfalls im schrägen Fadenlauf) zuschneiden.

6. Das dünne Volumenvlies zum Aufbügeln zur Hälfte falten, das Hauptteil zweimal darauf übertragen und ausschneiden (ergibt vier Teile). Vier Stücke von 14 x 6,5 cm für die Klappen, einen Streifen von 15 x 5 cm für die Ringhalter und einen Streifen von 1 m x 5 cm für die Futterseite des Tragegurts zuschneiden. Sie benötigen außerdem zwei Streifen von 54,5 x 12,5 cm, vier Streifen von 39,5 x 6 cm sowie ein Stück von 40,5 x 16,5 cm für die äußeren Taschen.

Vorbereitung

1. Dünnes Volumenvlies auf die linke Stoffseite der folgenden Teile bügeln: das Hauptteil, die beiden Futterteile, 12,5 cm breite Streifen, 6,5 cm breite Streifen, Taschenklappen, eine Außentasche, ein Ringhalter, Tragegurt.

2. Aus den roten Schrägstreifen und der weißen Kordel zwei Stücke Paspel von 1 m Länge herstellen (siehe „Paspel", Seite 112).

Nähen

Die Nahtzugabe beträgt an allen Teilen 5 mm.

1. Zwei Klappenteile rechts auf rechts aufeinanderlegen. Seiten- und Unterkanten zusammenheften (siehe „Nützliche Stiche", Seite 110/111), die gerade Oberkante bleibt offen.

Wer einen Schrägbandfalzer besitzt, kann die Streifen für die Einfassungen auch damit vorbereiten.

2. Einen 30 x 4,5 cm langen roten Schrägstreifen der Länge nach zur Hälfte falten (rechte Seite außen) und bügeln. Öffnen, die Längskanten an den Mittelkniff legen und wieder bügeln. Die drei gehefteten Klappenkanten mit diesem Schrägstreifen einfassen (siehe „Einfassungen", Seite 119), dabei die Ecken als Briefecken arbeiten (siehe Seite 120).

3. Die Unterseite eines Magnetverschlusses in die Futterseite der Klappe einsetzen (siehe „Magnetverschlüsse einsetzen", Seite 113) – mittig und etwa 2–2,5 cm oberhalb der Klappenkante. Auf Höhe des Verschlusses einen roten Knopf auf die Außenseite der Klappe nähen (siehe Foto unten).

4. Für die zweite Klappe Schritt 1–3 wiederholen.

5. Das Unterteil der Tasche auf die Arbeitsfläche legen (rechte Stoffseite oben). Die beiden Klappen darauflegen (rechte Stoffseite oben). Der Abstand zwischen den Klappen beträgt 1,5 cm, ihre unversäuberten Kanten liegen bündig an der unversäuberten Oberkante des Unterteils. Die Klappen festheften (siehe Abbildung unten).

6. Das Oberteil rechts auf rechts auf das Unterteil legen, die geraden Kanten aufeinander ausrichten. Die Teile zusammennähen, dabei die Klappen in der Naht mitfassen. Die Nahtzugaben zum Oberteil bügeln und das zusammengesetzte vordere Hauptteil mit dem zugeschnittenen Volumenvlies verstärken. Danach die Ansatznaht doppelt absteppen.

7. Die geblümten Teile in Türkisblau für die Außentaschen rechts auf rechts aufeinanderlegen und an einer 40,5 cm langen Kante zusammennähen. Auf rechts wenden, dann die genähte Kante doppelt absteppen. In der Mitte des Taschenteils eine senkrechte Linie anzeichnen. Dann rechts und links

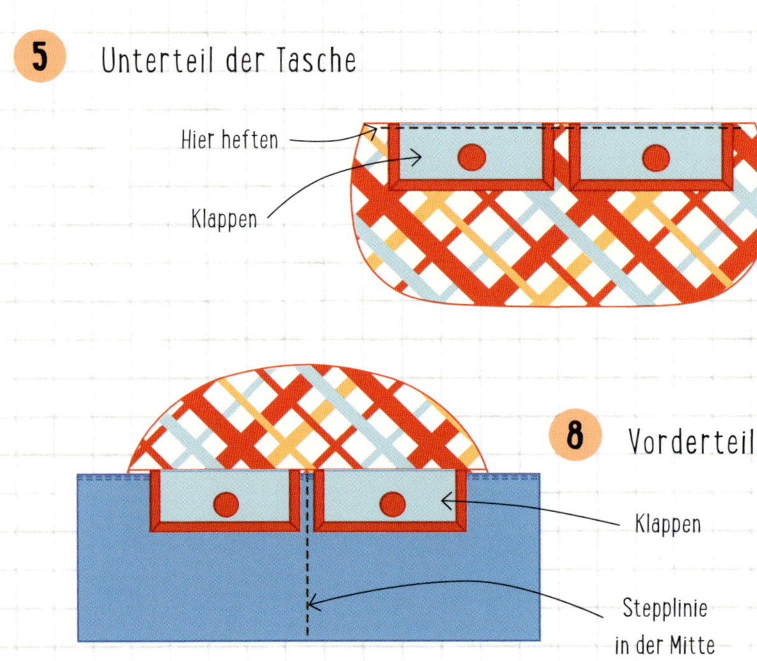

dieser Linie in etwa 2–2,25 cm Abstand Markierungen anbringen.

8. Das Taschenteil auf das Vorderteil legen, beide zeigen mit der rechten Stoffseite nach oben. Die Oberkante der Taschen liegt etwa 3 mm unter der Quernaht und unter den Klappen. Die markierte Mittellinie verläuft genau zwischen den beiden Klappen. Jetzt die Mittellinie steppen, um das Taschenteil zu fixieren (siehe Abbildung unten).

9. Die Klappen aus dem Weg falten. Dann das Taschenteil (rechte Stoffseite oben) an einer der vorher angezeichneten Markierungen falten. Bügeln und das Fältchen knappkantig feststeppen. An der anderen Markierung wiederholen. Die beiden abgesteppten Fältchen sollen nun an der Stepplinie in der Mitte zusammentreffen. Die Fältchen mit 2,5 cm langen Stepplinien von der Unterkante aufwärts ebenfalls fixieren.

10. Die Position der Magnetverschluss-Unterteile anzeichnen und die Verschlüsse in die Vorderseite des Taschenteils einsetzen. Nun das Taschenteil bündig mit den Kanten des Taschen-Vorderteils zuschneiden und alle losen Kanten zusammenheften.

11. Eine Paspel rechts auf rechts um die gesamte Kante des Vorderteils legen und seine unversäuberte Kante genau an der Stoffkante ausrichten. In der unteren Mitte die Enden der Paspel schräg nach außen führen (siehe Abbildung unten). Die Paspel mit der Maschine festheften, dann die Enden abschneiden. Mit der Taschenrückseite ebenso verfahren.

12. Den Reißverschluss mittig an der Längskante eines 39,5 x 6,5 cm langen, diagonal karierten Stoffstreifens anlegen und mit dem Reißverschlussfüßchen festnähen. Auf rechts drehen, die Nahtzugabe zum Stoff bügeln und die Naht absteppen. Die zweite Kante des Reißverschlusses ebenso an den anderen 39,5 x 6,5 cm großen, diagonal karierten Stoffstreifen nähen. Die Stoffteile müssen einander genau gegenüberliegen. Den Reißverschluss auf Höhe der Stoffkanten kürzen (siehe „Reißverschlüsse kürzen", Seite 118).

13. Die beiden Stücke für den Ringhalter rechts auf rechts aufeinanderlegen, beide 15 cm langen Kanten zusammennähen, dann wenden und bügeln. Die beiden Nähte absteppen. Das Teil in zwei Hälften von je 7,5 cm Länge schneiden.

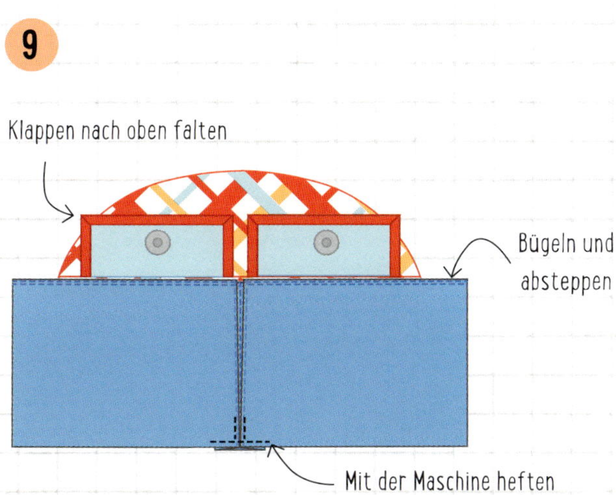

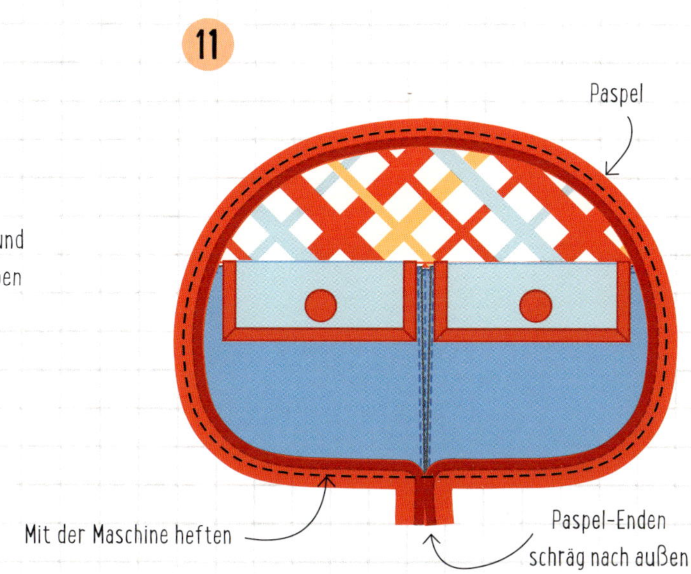

14. Einen der 7,5 cm langen Ringhalter durch einen der länglichen Ringe ziehen. Den Stoffstreifen zur Schlaufe legen und die unversäuberten Enden zusammenheften. Ringhalter mit Ring rechts auf rechts an ein Ende des Mittelteils mit dem Reißverschluss legen und festheften (siehe Abbildung unten). Den anderen Ringhalter ebenso auf der anderen Seite des Mittelteils befestigen.

15. Das Mittelteil mit Reißverschluss und das 54,5 x 12,5 cm große Stück aus hellblau-weiß kariertem Stoff rechts auf rechts aufeinanderlegen. Beide Schmalseiten zusammennähen, um ein Zwischenstück (Ring) zu erhalten. Dabei werden auch die Ringhalter mitgefasst. Die Nähte absteppen.

Vorsichtig nähen, damit die Maschinennadel nicht an den Zähnchen des Reißverschlusses abbricht.

16. Diesen Ring rechts auf rechts an die Kante des Taschenvorderteils stecken. Die obere Mitte der Tasche liegt in der Mitte des Reißverschlusses. Die Kanten heften, dann zusammennähen. Um näher an die Paspel zu kommen, können Sie zwei Runden nähen. Den Reißverschluss zum Wenden ein Stück öffnen, dann die Taschenrückseite ebenso mit dem Zwischenstück verbinden.

17. Die Längsseite eines 39,5 x 6,5 cm langen hellblau-weiß karierten Streifens ca. 1,5 cm nach links umbügeln. Mit dem zweiten Streifen derselben Größe wiederholen.

18. Den 54,5 x 12,5 cm großen Streifen aus blauem Mini-Karo rechts auf rechts auf die beiden umgebügelten Streifen aus Schritt 17 legen. In der Mitte zwischen den schmaleren Streifen bleibt eine Lücke von ca. 2 cm. Die Enden zusammennähen, um ein Zwischenstück (Ring) ohne Reißverschluss zu erhalten (siehe Abbildung unten). Die Nahtzugaben zum 12,5 cm breiten Streifen bügeln und feststeppen.

19. Diesen Ring so an Vorder- und Rückseite des Futters nähen, wie es in Schritt 16 mit dem Hauptteil geschah. Das Futter (linke Seite außen) ins Hauptteil (rechte Seite außen) schieben. Die umgebügelten Kanten am oberen Mittelteil sorgfältig am Reißverschluss feststecken. Das Futter rings um den Reißverschluss mit Leiterstichen festnähen (siehe „Nützliche Stiche", Seite 110/111).

20. Die beiden Teile für den Tragegurt (davon eines mit Vlies verstärkt) rechts auf rechts aufeinanderlegen und ringsherum zusammennähen, aber an einer Längsseite eine 7,5 cm lange Öffnung zum Wenden lassen. Die Nahtzugaben an den Ecken schräg abschneiden, auf rechts wenden (siehe „Griffe wenden", Seite 114) und bügeln. Alle vier Seiten knappkantig absteppen.

21. Ein Ende des Tragegurts etwa 2,5 cm weit durch einen Ring an einer Seite der Tasche schieben, umfalten und feststeppen. Auf der anderen Seite wiederholen.

14 Reißverschluss-Streifen

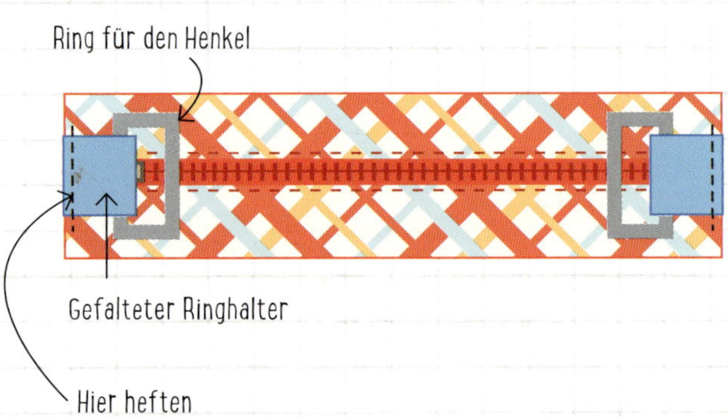

18 Futter-Mittelstreifen (ohne Reißverschluss)

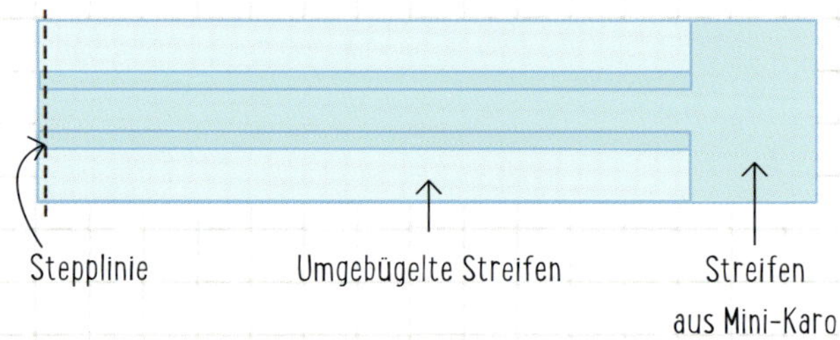

ZWEI FÜRS PICKNICK

Das witzige Set macht sich nicht nur beim Picknick nützlich. Die Flaschentasche eignet sich auch gut als Mitbringsel zu einer Einladung oder als liebevolle Geschenkverpackung für eine gute Flasche Wein. Die Lunchbag – vor allem aus lustigen, knalligen Stoffen – macht als Behältnis für das Schulfrühstück viel her, aber auch sie kann auch für viele andere Zwecke eingesetzt werden.

SCHWIERIGKEITSGRAD:

Material

- Insgesamt 16 Streifen von 58,5 x 5 cm aus 16 verschiedenen Stoffen für Flaschentasche und Lunchbag
- 15 cm Stoff in Schwarz-Weiß gestreift für Henkel und Tunnel
- 38 cm gemusterter Stoff in Pink-Rot für das Futter
- 43 cm dünnes Volumenvlies zum Aufbügeln
- 2 m Kordel in Rot

Fertige Größe: Flaschentasche: 35,5 x 10 cm einschließlich Griffen
Lunchbag: 32,5 x 16,5 cm einschließlich Griffen

Zuschnitt

1. Alle Schnittmusterteile (siehe Schnittmusterbogen) auf Transparentpapier oder Schablonenkunststoff durchpausen, dabei auch alle Markierungen übertragen. Die Teile auf den Umrisslinien ausschneiden.

2. Aus jedem der 16 verschiedenen Stoffe einen Streifen von 53,5 x 5 cm zuschneiden.

3. Aus schwarz-weiß gestreiftem Stoff zwei Streifen von je 4 cm über die volle Stoffbreite schneiden. Außerdem einen Streifen von 29 x 5,5 cm für den Tunnel der Flaschentasche und einen Streifen von 44 x 5,5 cm für den Tunnel der Lunchbag.

4. Das Schnittmuster für die Flaschentasche und die Lunchbag je einmal **auf den pink-roten Futterstoff** übertragen und auf den gezeichneten Linien ausschneiden.

5. Die Schnittmuster für die Flaschentasche und die Lunchbag **auf das dünne Volumenvlies zum Aufbügeln** übertragen, dabei die gestrichelten Linien beachten. Die Teile ausschneiden. Zwei Streifen von 4 cm über die volle Breite des Vlieses zuschneiden.

Vorbereitung

1. Einen Stoffstreifen für den Griff mit dünnem Volumenvlies verstärken.

VARIATION

Diese Taschen bieten sich förmlich an, um alle möglichen Stoffreste zu verbrauchen. Je bunter, desto besser!

Nähen

Die Nahtzugabe beträgt an allen Teilen 5 mm.

1. Acht Streifen (Größe 53,5 x 5 cm) in beliebiger Reihenfolge an den langen Kanten zusammennähen. Sorgfältig bügeln. Die anderen acht Streifen ebenso verarbeiten. Sie haben nun zwei zusammengesetzte Rechtecke von je ca. 33 x 53,5 cm (siehe Abbildung unten).

2. Ein Rechteck aus Schritt 1 auf die Schneidematte legen. Die schmale Kante auf 32 cm begradigen, dann das Rechteck quer in zehn Streifen von je 32 x 5 cm schneiden. Jeder Streifen besteht aus acht kleinen Quadraten. Das andere Rechteck ebenso zerschneiden. Sie haben nun 20 Streifen, die jeweils aus acht Quadraten bestehen (siehe Abbildung unten).

FLASCHENTASCHE

3. Acht zusammengesetzte Streifen aus Schritt 2 entlang ihrer Längskanten zu einem Quadrat von 32 cm Kantenlänge zusammennähen. Dabei entsteht ein Schachbrettmuster.

Beim Zusammensetzen des Schachbrett-Patchworks jeden zweiten Streifen umdrehen, damit niemals zwei gleiche Stoffe nebeneinanderliegen.

4. Aus Stoffresten vier Quadrate mit 5 cm Kantenlänge zuschneiden. Jeweils zwei zusammensetzen, bügeln und an den unteren Rand des Hauptteils für die Flaschentasche nähen (siehe Abbildung auf Seite 87). Die ganze Fläche bügeln und mit dem passenden Stück Volumenvlies verstärken. Das Vlies ist an den Seiten 5 mm schmaler als der Stoff.

5. Den gestreiften Stoffstreifen für den Tunnel rechts auf rechts der Länge nach zur Hälfte falten. Beide Schmalseiten und die Längsseite zusammennähen, aber in der Mitte eine 2,5 cm große Öffnung zum Wenden lassen. Die Nahtzugaben an den Ecken schräg abschneiden, auf rechts wenden (siehe „Griffe wenden", Seite 114) und nochmals bügeln.

6. Den Tunnel auf das Patchwork-Hauptteil legen (siehe Abbildung auf Seite 87) und mittig auf der Naht zwischen der zweiten und dritten Patchworkreihe ausrichten. Nur an den beiden Längsseiten knappkantig feststeppen (siehe „Nützliche Stiche", Seite 110/111).

1 Zusammengesetzte Rechtecke

Acht Stoffstreifen an ihren Längsseiten zusammennähen

2 Zusammengesetzte Streifen

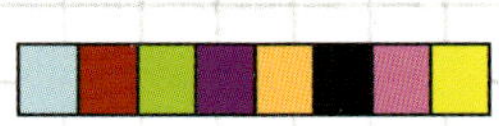

Acht Quadrate, aus dem zusammengesetzten Rechteck geschnitten

3 Flaschentasche. Schachbrett-Patchwork

Acht zusammengesetzte Streifen zum Quadrat zusammengenäht

7. Das Hauptteil rechts auf rechts zur Hälfte falten. Die beiden Seitenkanten bündig ausrichten. Die Seitenkanten und die Unterkanten der beiden unteren Quadrate zusammennähen, die eingezogenen Ecken bleiben vorerst offen.

8. Nun die Ecken so verarbeiten, dass eine Bodenfläche entsteht (siehe „Ecken nähen“, Seite 122).

9. Schritt 7 und 8 mit dem Futterstoff wiederholen, aber in der Mitte der Seitennaht eine 12,5 cm lange Öffnung zum Wenden lassen.

10. Die Streifen für die Griffe rechts auf rechts aufeinanderlegen. Die Längsseiten und eine Schmalseite zusammennähen, eine Schmalseite zum Wenden offen lassen. Wenden (siehe „Griffe wenden“, Seite 114), die zusammengenähte Schmalseite abschneiden und den Griff bügeln. In Längsrichtung zwei Reihen Zickzackstiche auf den Streifen steppen. Zwei Stücke von 20 cm Länge abschneiden, den Rest beiseitelegen.

11. Einen Griff der Länge nach zur Hälfte falten und absteppen. Die Stepplinie beginnt und endet in 2,5 cm Abstand zu den Enden. Mit dem zweiten Griff wiederholen.

12. Das Hauptteil auf rechts wenden. Einen Griff rechts auf rechts auf das Vorderteil (oberhalb der Öffnung des Tunnels) legen. Die Seiten des Griffs liegen an den äußeren Kanten der beiden mittleren Quadrate (siehe Abbildung unten). Heften (siehe „Nützliche Stiche“, Seite 110/111). Den anderen Griff ebenso auf der Rückseite anbringen.

13. Das Hauptteil (rechte Seite außen) ins Futter (linke Seite außen) schieben. Die Oberkanten zusammennähen, dabei die Enden der Griffe mitfassen. Die Tasche durch die Öffnung in der Futternaht auf rechts wenden, das Futter nach innen schieben. Bügeln, dann die Oberkante ringsherum absteppen. Die Öffnung im Futter mit kleinen Leiterstichen (siehe „Nützliche Stiche“, Seite 110/111) schließen.

14. An einem Ende einer 86,5 cm langen roten Kordel eine Sicherheitsnadel befestigen. Die Kordel mithilfe der Sicherheitsnadel durch den Tunnel fädeln. Eine Schleife binden, die Kordelenden in der gewünschten Länge abknoten und abschneiden.

Die Kordelenden vor dem Abschneiden mit Klebeband umwickeln, damit sie bei der Benutzung nicht ausfransen.

4

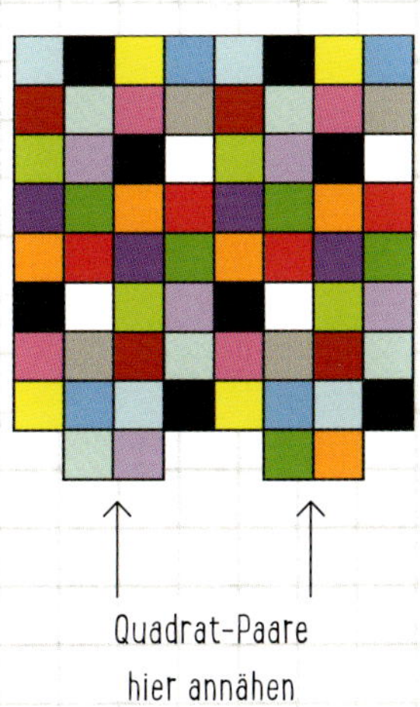

6

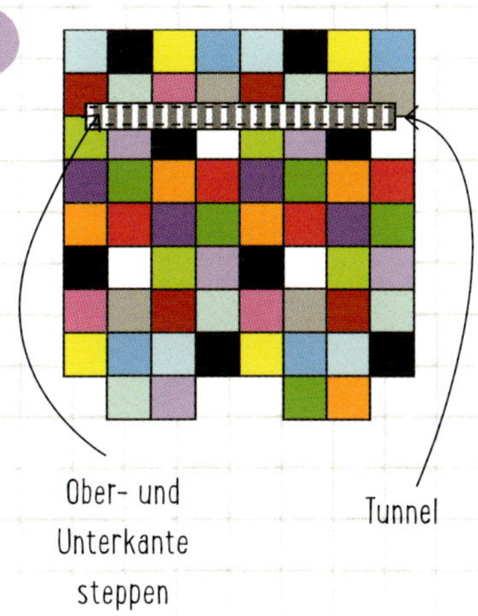

12 Flaschentasche (rechte Seite außen)

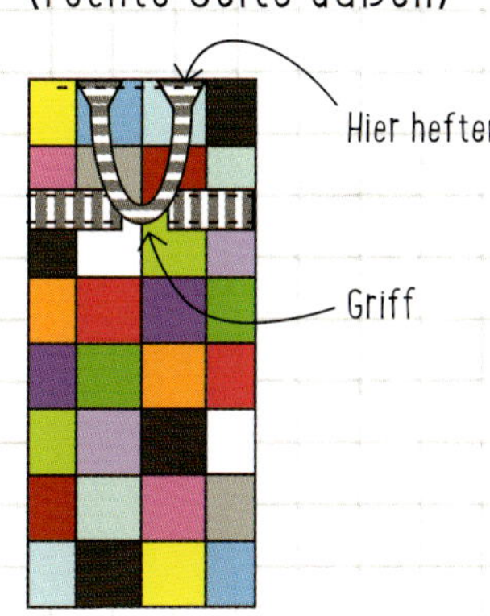

LUNCHBAG

15. Sie haben nun noch zwölf zusammengesetzte Streifen. Vier davon (zwei jeden Typs) werden um je ein Quadrat gekürzt, sie sind nun also sieben Quadrate lang. Die Streifen an den Längskanten wie auf der Abbildung (unten) zusammensetzen. Jeden zweiten Streifen umdrehen, damit nie zwei Felder gleicher Farbe zusammentreffen. Das fertige Patchwork mit dem passenden Stück Bügelvlies verstärken. Das Vlies ist an den Seiten 5 mm schmaler als der Stoff.

16. Den Stoffstreifen für den Tunnel rechts auf rechts der Länge nach zur Hälfte falten. Beide Schmalseiten und die Längsseite zusammennähen, aber in der Mitte eine 2,5 cm große Öffnung zum Wenden lassen. Die Nahtzugaben an den Ecken schräg abschneiden, auf rechts wenden (siehe „Griffe wenden", Seite 114) und nochmals bügeln.

17. Den Tunnel auf das Patchwork legen (wie bei der Flaschentasche) und mittig auf der Naht zwischen der zweiten und dritten Patchworkreihe ausrichten. Nur an den beiden Längsseiten knappkantig feststeppen. Das Hauptteil rechts auf rechts zur Hälfte falten. Die beiden Seitenkanten bündig ausrichten und zusammennähen. Die Tasche nun so falten, dass die vorstehenden Quadrate am unteren Rand exakt aufeinanderliegen. Die Unterkanten der Quadrate zusammennähen, die eingezogenen Ecken bleiben vorerst offen.

18. Nun die Ecken so verarbeiten, dass eine Bodenfläche entsteht (siehe „Ecken nähen", Seite 122).

19. Schritt 17–18 (ohne Tunnel) mit dem Futterstoff wiederholen, aber in der Mitte der Seitennaht eine 12,5 cm lange Öffnung zum Wenden lassen.

20. Vom Rest des Streifens für den Griff zwei Stücke von 25 cm Länge abschneiden. Einen Griff der Länge nach zur Hälfte falten und absteppen. Die Stepplinie beginnt und endet in 2,5 cm Abstand zu den Enden. Mit dem zweiten Griff wiederholen.

21. Das Hauptteil auf rechts wenden. Einen Griff rechts auf rechts auf das Vorderteil (oberhalb der Öffnung des Tunnels) legen. Die Seiten des Griffs liegen an den äußeren Kanten der beiden mittleren Quadrate. Heften. Den anderen Griff ebenso auf der Rückseite anbringen.

22. Das Hauptteil (rechte Seite außen) ins Futter (linke Seite außen) schieben. Die Oberkanten zusammennähen, dabei die Enden der Griffe mitfassen. Die Tasche durch die Öffnung in der Futternaht auf rechts wenden, das Futter nach innen schieben. Bügeln, dann die Oberkante ringsherum absteppen. Die Öffnung im Futter mit kleinen Leiterstichen (siehe „Nützliche Stiche", Seite 110/111) schließen.

23. An einem Ende einer 96,5 cm langen roten Kordel eine Sicherheitsnadel befestigen. Die Kordel mithilfe der Sicherheitsnadel durch den Tunnel fädeln. Eine Schleife binden, die Kordelenden in der gewünschten Länge mit einem Knoten sichern und die Überstände abschneiden.

15 Patchwork-Rechteck für Lunchbag

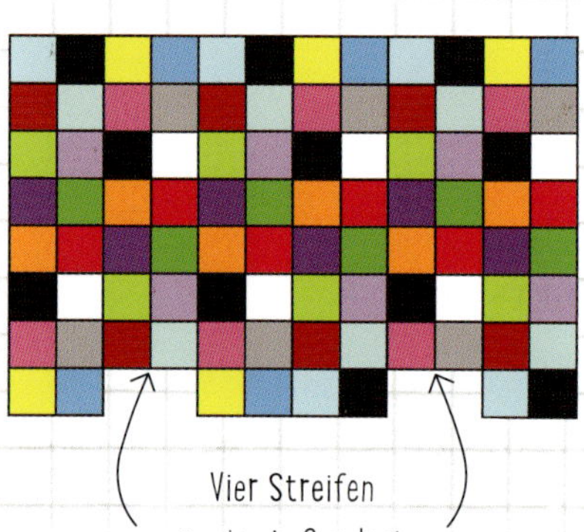

Hauptteil Lunchbag (rechte Seite außen)

LAGENLOOK IM CITY STYLE

Diese niedliche Schultertasche habe ich für modebewusste Teens entworfen, aber sie passt zu jeder Frau, die ab und zu gern einmal Girlie sein möchte. Meine Tochter wünscht sich so ein Exemplar zu Weihnachten. Die verschiedenen Schichten können aus Stoffen in unterschiedlichen Mustern, Farben und Texturen zugeschnitten werden – ganz nach Lust und Laune oder nach dem allerneuesten Trend. Und stellen Sie sich vor, wie süß die Tasche zu einem Rock aus einem der Stoffe aussieht!

SCHWIERIGKEITSGRAD:

Material

- 40 cm gemusterter Stoff in Grau für Oberteil, Unterteil und Futter
- 10 cm geblümter Stoff in Türkisblau für die obere Rüsche
- 25 cm gepunkteter Stoff in Rosa für die zweite Rüsche
- 18 cm Stoff in Türkisblau-Grau gestreift für die dritte Rüsche und die Ringhalter
- 30 cm dünnes Volumenvlies zum Aufbügeln
- 85 cm Spitze oder Borte in passender Farbe, 4 cm breit
- 4 Vierkantringe, 4 cm breit
- Knopf zum Beziehen, 4 cm Durchmesser
- Selbstlöschender Textilstift

Fertige Größe: 32 x 34 cm einschließlich Griffen

Zuschnitt

1. Die Vorlagen für die Tasche (siehe Schnittmusterbogen) auf Transparentpapier oder Schablonenkunststoff durchpausen. Die Teile auf den Umrisslinien ausschneiden.

2. Das Oberteil, das Unterteil und das Futter je zweimal **auf den grau gemusterten Stoff** übertragen und auf den gezeichneten Linien ausschneiden.

3. Aus dem geblümten Stoff in Türkisblau einen Streifen von 9 x 81 cm zuschneiden.

4. Aus dem gepunkteten Stoff in Rosa einen Streifen von 14 x 81 cm und für die Griffe vier Streifen von je 5 x 40 cm zuschneiden.

5. Aus türkisblau-grau gestreiftem Stoff einen Streifen von 16,5 x 81 cm und für die Ringhalter acht Streifen von 7,5 x 5 cm zuschneiden.

6. Aus dem dünnen Volumenvlies zum Aufbügeln das Oberteil und das Unterteil je zweimal zuschneiden. Außerdem benötigen Sie zwei Streifen von je 5 x 40 cm für die Griffe.

Vorbereitung

1. Ein Stück rosa gepunkteten Stoff mit dünnem Volumenvlies verstärken und den Knopf damit beziehen. Bitte beachten Sie dabei die Hinweise des Herstellers.

2. Die beiden Oberteile, die beiden Unterteile und zwei Streifen für die Griffe mit den entsprechenden Stücken aus Volumenvlies verstärken.

3. Auf den Oberteilen mit selbstlöschendem Textilstift ein diagonales Raster in Abständen von 1,5 cm anzeichnen und mit der Maschine nachsteppen.

Nähen

Die Nahtzugabe beträgt an allen Teilen 5 mm.

1. Die beiden Taschenoberteile rechts auf rechts aufeinanderlegen. Nur an den beiden Seitenkanten zusammennähen.

2. Die beiden Taschenunterteile rechts auf rechts aufeinanderlegen. Nur an den Seiten- und Unterkanten zusammennähen. Die unteren Ecken in einer Breite von 4 cm quer abnähen (siehe „Ecken nähen", Seite 122), dann auf rechts wenden.

3. Eine Längsseite der 81 cm langen, geblümten Rüsche in Türkisblau 1 cm breit nach links umbügeln. Nochmals 1,5 cm umbügeln, um einen sauberen, doppelten Saum zu erhalten.

4. Die geblümte Rüsche in Türkisblau auf die Arbeitsfläche legen, die rechte Stoffseite liegt oben. Die farblich passende Spitze 5 mm weit unter die Unterkante schieben und feststecken. Danach in 3 mm und 5 mm Abstand zur Stoffkante absteppen (siehe „Nützliche Stiche", Seite 110/111), um die Spitze zu fixieren. Die überstehenden Enden der Spitze abschneiden.

5. Schritt 3 mit dem Streifen für die rosa Rüsche wiederholen. In 3 mm und 5 mm Abstand zur Saumkante absteppen.

6. Den türkisblau-grau gemusterten Streifen auf die Arbeitsfläche legen, die rechte Stoffseite liegt oben. Den rosa Streifen darauflegen, die 81 cm langen Oberkanten aufeinander ausrichten. Den geblümten Streifen in Türkisblau samt Spitze zuoberst legen und ebenfalls ausrichten. Alle drei Lagen knapp unterhalb der Oberkante zusammennähen.

7. Den zusammengesetzten Streifen rechts auf rechts zur Hälfte falten. Alle Kanten sauber aufeinander ausrichten. Die Seitenkanten stecken und zusammennähen. Die Nahtzugaben auseinanderbügeln, dann auf rechts wenden.

8. Die Unterkante der gestreiften Rüsche 1 cm nach links umbügeln. Nochmals 1,5 cm nach links

6 Dreilagige Rüsche

umbügeln, um einen doppelten Saum zu erhalten. Stecken, dann in 3 mm und 5 mm Abstand zur Saumkante absteppen.

Damit die Oberkante der Rüschen nicht ausfranst, kann sie vor dem Kräuseln mit Zickzack- oder Overlockstich versäubert werden.

9. Entlang der Oberkante des Rüschenstreifens von Hand eine Reihe kleiner Vorstiche nähen.

Am Faden ziehen und den Streifen zusammenkräuseln, bis er den gleichen Durchmesser hat wie die obere Öffnung der Tasche. Den Kräuselfaden gut verknoten.

10. Den gekräuselten Streifen an die Oberkante des Taschenunterteils stecken. Die Seitennaht der Rüsche liegt in der hinteren Mitte des Unterteils. Die Oberkanten von Rüsche und Taschenunterteil aufeinander ausrichten und mit der Maschine zusammenheften (siehe „Nützliche Stiche", Seite 110/111).

11. Zwei türkisblau-grau gestreifte Streifen für einen Ringhalter rechts auf rechts aufeinanderlegen. Die 7,5 cm langen Kanten zusammennähen. Wenden und die langen Kanten absteppen. Den Streifen durch einen Ring schieben, zur Schlaufe legen und die unversäuberten Schmalseiten zusammenheften. Die anderen drei Ringhalter ebenso nähen.

12. Zwei Ringhalter rechts auf rechts auf das Taschenunterteil (mit Rüschen) legen. Die Schnittkanten liegen bündig aufeinander, der Abstand der Ringhalter zu den Seiten beträgt etwa 4 cm (siehe Abbildung unten). Mit der Maschine heften. Auf der Rückseite wiederholen.

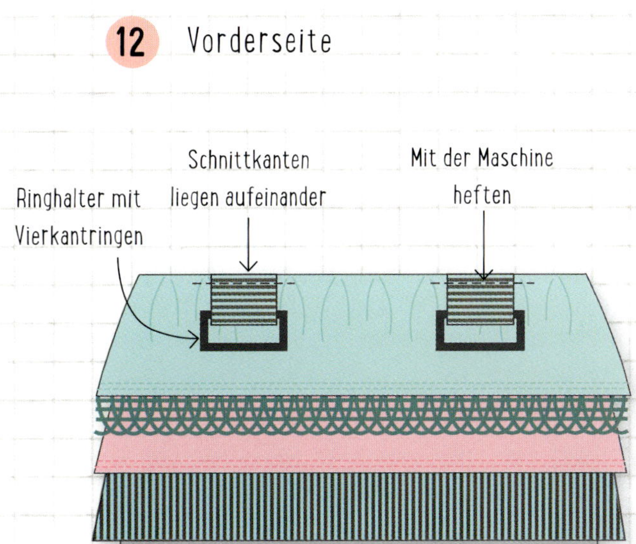

13. Das Taschenoberteil (noch immer auf links) kopfüber über die unteren Lagen schieben. Die gerade Schnittkante des Oberteils rechts auf rechts an der Oberkante des Unterteils ausrichten. Die Ringhalter liegen zwischen diesen Lagen. Die Kanten zusammenstecken und durch alle Lagen ringsherum zusammennähen. Vorsicht, der Stoff ist an einigen Stellen recht dick.

14. Das Oberteil hochziehen, um es auf rechts zu wenden. Die Ringhalter nach oben legen und bügeln. 3 mm oberhalb der Ansatznaht absteppen. Dabei werden auch die Ringhalter mitgefasst und bleiben nach oben gerichtet.

15. Die beiden Futterteile rechts auf rechts aufeinanderlegen. Nur die Seiten- und Unterkanten zusammennähen, dabei in der unteren Mitte eine 12,5 cm lange Öffnung zum Wenden lassen. An den unteren Ecken 4 cm breite Dreiecke abnähen (siehe „Ecken nähen", Seite 122).

16. Das Hauptteil (rechte Seite außen) ins Futter (linke Seite außen) schieben. Die Oberkanten zusammenstecken, dann ringsherum zusammennähen. Die Tasche durch die Öffnung in der Futternaht auf rechts wenden und das Futter in das Hauptteil schieben. Bügeln, dann die Oberkante ringsherum absteppen.

17. Für einen Griff einen verstärkten und einen unverstärkten Streifen rechts auf rechts aufeinanderlegen. Alle vier Kanten zusammennähen, dabei an einer Längsseite eine 5 cm lange Öffnung zum Wenden lassen. Die Nahtzugaben an den Ecken schräg abschneiden, auf rechts wenden (siehe „Griffe wenden", Seite 114) und bügeln. Den Griff ringsherum doppelt absteppen. Die Enden des Griffs durch die Ringe in den Ringhaltern schieben, etwa 2 cm nach links umfalten und feststeppen. Den Griff für die Rückseite der Tasche ebenso nähen und anbringen.

18. Den bezogenen Knopf in der Mitte des vorderen Oberteils festnähen. Dazu greifen Sie durch die Öffnung im Futter. Der Knopf dient nur als Verzierung. Zuletzt die Öffnung in der Futternaht mit kleinen Leiterstichen schließen (siehe „Nützliche Stiche", Seite 110/111).

Sie finden keine länglichen Ringe? Kein Problem, runde oder D-förmige eignen sich auch, sofern Breite oder Durchmesser 4 cm betragen.

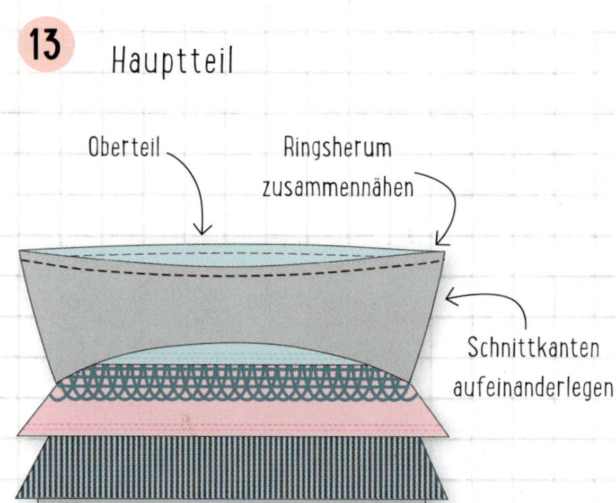

RÜSCHEN & PASPELN

Diese praktische Tasche ist groß genug für die Sportutensilien oder alles, was man für eine Übernachtung braucht. Sie eignet sich gut als Geschenk für eine liebe Freundin – ob Sportfan oder reiselustige Businessfrau, beide werden Freude an ihr haben. Für den Liebsten lassen Sie einfach die Rüsche weg und suchen Stoffe mit maskulinen Mustern aus.

SCHWIERIGKEITSGRAD:

Material

- 90 cm Dekostoff in Blau für das Hauptteil
- 61 cm Futterstoff
- 90 cm Dekostoff mit bunten Karos für Griffe, Schultergurt und Taschen an den Seiten
- 22,5 cm Stoff in Pink mit weißen Punkten für Rüschen und Einfassungen
- 1 Fat Quarter (ca. 50 x 55 cm) Stoff in Pink mit weißen Punkten für Paspeln und Schrägstreifen (oder 2 m fertiges Schrägband)
- 1 m dünnes Volumenvlies zum Aufbügeln
- 2 m Kordel in Weiß für Paspeln
- 2 Knöpfe in Pink, 2,5 cm Durchmesser
- Robuster Reißverschluss, 61 cm lang, teilbar
- 4 große D-Ringe, 5 cm
- 2 mittelgroße D-Ringe, 3,5 cm
- 2 Karabinerhaken mit drehbarem Wirbel, 4 cm
- Gurtversteller (Leiterschnalle), 4 cm breit
- Dekorativer Reißverschlussanhänger (nach Belieben)

Fertige Größe: 54 x 25 cm ohne Griffe

Zuschnitt

1. Alle Schnittmusterteile (siehe Schnittmusterbogen) auf Transparentpapier oder Schablonenkunststoff durchpausen. Die Teile auf den Umrisslinien ausschneiden.

2. Aus dem blauen Dekostoff ein großes Rechteck von 58,5 x 77,5 cm für das äußere Hauptteil zuschneiden, zwei Stücke von 25 x 48 cm für die Taschen in der Mitte sowie vier Stücke von 4,5 x 9,5 cm für die Ringhalter des Schultergurts.

3. Aus dem Futterstoff ein großes Rechteck von 58,5 x 77,5 cm für das Hauptteil des Futters zuschneiden. Das Seitenteil zweimal auf den Stoff übertragen und auf den gezeichneten Linien ausschneiden.

4. Die Vorlage für die seitlichen Taschen viermal **auf den bunt karierten Stoff** übertragen und auf den Linien ausschneiden. Vier Streifen von 70 x 6,5 cm für die Ringhalter, vier Streifen von 58,5 x 5 cm für die Griffe und vier Streifen von 76 x 5 cm für den verstellbaren Schultergurt zuschneiden.

5. Aus dem pinkfarbenen Stoff mit weißen Punkten für die Rüschen zwei Streifen von 7,5 cm über die ganze Stoffbreite zuschneiden, außerdem für die Einfassungen der Taschen vier Streifen von 5 x 25 cm.

6. Aus dem dünnen Volumenvlies zum Aufbügeln ein großes Rechteck von 58,5 x 77,5 cm für das äußere Hauptteil zuschneiden. Außerdem die Seitenteile zweimal auf das Vlies übertragen und auf den gezeichneten Linien ausschneiden. Zwei Streifen von 70 x 6,5 cm für die Ringhalter, zwei Streifen von 58,5 x 5 cm für die Griffe und zwei Streifen von 75,5 x 5 cm für den verstellbaren Schultergurt zuschneiden.

Vorbereitung

1. Volumenvlies auf das Hauptteil und auf die Hälfte der Streifen für die Griffe und die Seitenteile bügeln. Das Vlies für den Schultergurt ist etwas kürzer als der Stoff – das ist beabsichtigt.

2. Zwei 1 m lange Paspeln aus pinkfarbenen Schrägstreifen mit weißen Punkten und weißer Kordel herstellen (siehe „Paspel", Seite 112). Aus dem restlichen Fat Quarter zwei Schrägstreifen von 91,5 cm und 2,5 cm Breite zuschneiden.

Nähen

Die Nahtzugabe beträgt an allen Teilen 5 mm.

1. Das verstärkte Hauptteil ausbreiten, die rechte Stoffseite liegt oben. Den Reißverschluss teilen, eine Seite des Trägerbands mittig an die 58,5 cm lange Oberkante anlegen. Darauf kantenbündig das Futterteil (rechte Stoffseite unten) legen. Die Kanten stecken oder heften (siehe „Nützliche Stiche“, Seite 110/111) und mit dem Reißverschlussfüßchen der Nähmaschine zusammennähen.

2. Die andere Seite des Reißverschlusses ebenso zwischen die gegenüberliegenden Kanten von Hauptteil und Futter nähen. Die Enden des Reißverschlusses müssen zur gleichen Seite zeigen und gleich weit über die Stoffkanten

Ein Reißverschluss aus Plastik ist einfacher einzunähen als ein Metall-Reißverschluss. Wichtig ist nur, dass er teilbar ist.

hinausstehen, damit die beiden Seiten später genau zusammenpassen. Hauptteil und Futter auf rechts wenden. Die Reißverschlussnähte sorgfältig bügeln und von rechts absteppen (siehe „Nützliche Stiche“, Seite 110/111).

3. Die beiden mittleren Außentaschen aufeinanderlegen. Beide zeigen mit der rechten Seite nach oben. Mit der Maschine ringsherum zusammenheften.

4. Einen pinkfarbenen Einfassungsstreifen mit weißen Tupfen (5 x 25 cm) der Länge nach zur Hälfte falten. Die rechte Stoffseite liegt außen. Bügeln, dann aufklappen, die Längskanten zum Mittelkniff legen und nochmals bügeln. Eine 25 cm lange Kante der Tasche mit diesem Streifen einfassen (siehe „Einfassungen“, Seite 119). Die andere Kante der Tasche ebenso einfassen, dann beiseitelegen.

5. Einen 7,5 cm breiten Streifen für die Rüsche der Länge nach zur Hälfte falten, die rechte Stoffseite liegt außen. Bügeln. Das Ende eines doppelten, stabilen Fadens mit einem Knoten sichern, dann entlang der unversäuberten Kante kleine Vorstiche nähen. Den Stoffstreifen auf eine Länge von etwa 61 cm kräuseln, den Faden vernähen und die Kante mit der Maschine steppen, um die Kräuselung zu fixieren.

6 Ringhalter mit Vlieseinlage

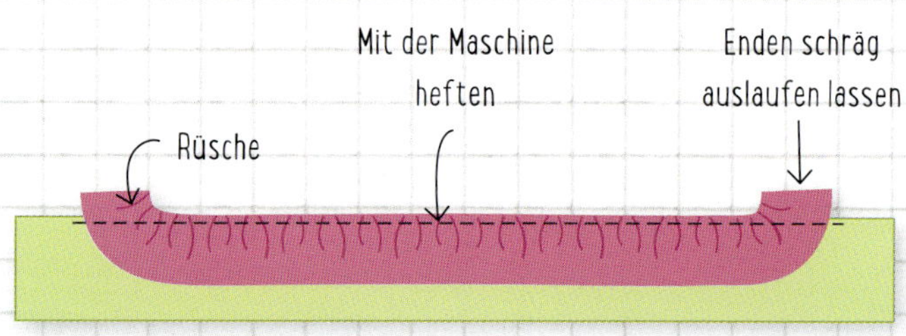

6. Einen der verstärkten, 70 x 6,5 cm langen Ringhalterstreifen auf die Arbeitsfläche legen, die rechte Stoffseite liegt oben. Die Rüsche rechts auf rechts an einer Seitenkante des Streifens anlegen. Die Schnittkanten von Rüsche und Streifen aufeinander ausrichten und die Enden der Rüsche im Abstand von 5 cm zu den Enden schräg auslaufen lassen (siehe Abbildung Seite 102). Die Rüsche mit der Maschine festheften und die überstehenden Enden abschneiden.

7. Einen unverstärkten Ringhalterstreifen rechts auf rechts auf den Streifen mit der Rüsche legen. Alle vier Kanten zusammenstecken und zusammennähen. In der Längsseite ohne Rüsche eine 7,5 cm lange Öffnung zum Wenden lassen. Die Nahtzugaben an den Ecken schräg abschneiden, auf rechts wenden und bügeln. Schritt 5–7 für den zweiten Ringhalter wiederholen.

8. Das Hauptteil ausbreiten, die rechte Stoffseite liegt oben. Die eingefasste Tasche genau mittig darauflegen. Die unversäuberten Kanten festheften, dann mit der Maschine durch die Mitte steppen, um die Tasche in zwei Fächer zu teilen.

9. Jedes Ende eines Ringhalterstreifens mit Rüsche durch einen 5 cm großen D-Ring schieben, 2,5 cm breit umfalten und feststecken. Den Streifen mit den Ringen auf das Hauptteil legen (rechte Stoffseite oben), sodass er die geheftete Schnittkante der mittleren Tasche bedeckt. Den Streifen heften, dann ringsherum feststeppen. An seinen Schmalseiten müssen die eingeschlagenen Enden mitgefasst werden, um die D-Ringe zu sichern. Mit dem zweiten Streifen ebenso verfahren.

10. Zwei karierte Seitentaschen links auf links aufeinanderlegen und ringsherum zusammenheften. Mit den beiden anderen Teilen ebenso verfahren.

11. Einen pinkfarbenen Einfassungsstreifen mit weißen Tupfen (25 cm) der Länge nach zur Hälfte falten. Die rechte Stoffseite liegt außen. Bügeln, dann aufklappen, die Längskanten zum Mittelkniff legen und nochmals bügeln. Die gerade Kante der Tasche mit diesem Streifen einfassen (siehe „Einfassungen", Seite 119). Die andere Kante der Tasche ebenso einfassen.

12. Zwei der Ringhalter für den Schultergurt rechts auf rechts aufeinanderlegen. Alle vier Kanten zusammennähen, aber an einer Längsseite eine 2,5 cm lange Öffnung zum Wenden lassen. Die Nahtzugaben an den Ecken schräg abschneiden, wenden und bügeln. Durch einen mittelgroßen D-Ring fädeln und die Enden feststecken.

8 Hauptteil

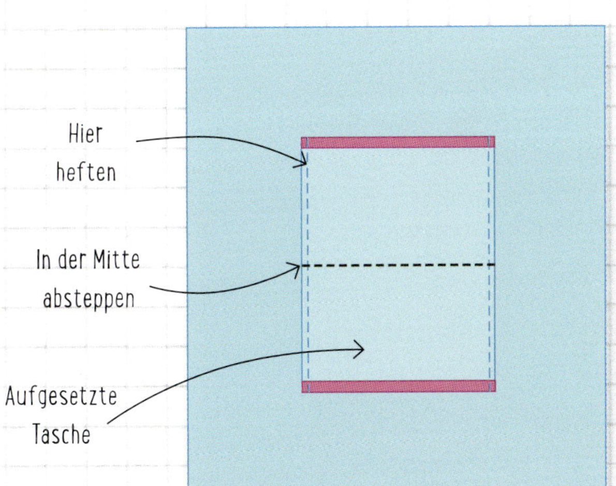

9

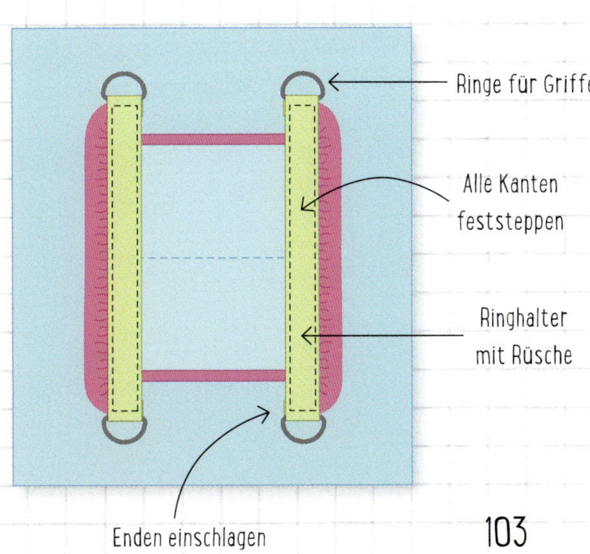

13. Ein verstärktes Seitenteil aus Oberstoff und ein Seitenteil aus Futterstoff genau aufeinanderlegen, beide mit der rechten Seite nach außen. Eine eingefasste Tasche darauflegen und an der Rundung ausrichten. Die Teile in ca. 3 mm Abstand zur Schnittkante mit der Maschine zusammenheften. Seitenteile und Tasche für das andere Ende ebenso zusammenheften.

14. Die Schlaufe mit dem D-Ring ca. 0,5–1,5 cm über der Mitte der Tasche durch alle Lagen hindurch festnähen, dann einen Knopf in Pink auf die Schlaufe nähen. An der anderen Tasche ebenso verfahren.

15. Einen Paspelstreifen rechts auf rechts um die gesamte Kante eines Seitenteils legen, die Enden treffen unten zusammen und laufen dort schräg aus (siehe Abbildung unten). Die Paspel mit der Maschine festheften und die überstehenden Enden abschneiden. Am anderen Seitenteil ebenso verfahren.

Paspeln lassen sich gut mit einem Reißverschlussfüßchen einnähen. So können Sie sehr dicht neben der Kordel steppen und die Paspel sieht sauber und professionell aus.

16. Den Reißverschluss im Hauptteil schließen, dann die Tasche auf links wenden. Ein Seitenteil rechts auf rechts knapp außerhalb des Reißverschlussbeginns einsetzen. Die obere Mitte des Seitenteils muss am Reißverschluss liegen. Sorgfältig heften, dann einnähen. Vorsicht am Reißverschluss. Die Nadel so führen, dass sie zwischen den Zähnchen einsticht. Wenn sie ein Zähnchen trifft, kann sie abbrechen oder verbiegen. Bei Bedarf doppelt über das Reißverschlussende nähen, dann das überstehende Reißverschlussende abschneiden.

17. Die Tasche auf rechts wenden und prüfen, ob die Paspel sauber aussieht. Falls die Naht näher an der Kordel liegen muss, die Tasche wieder auf links wenden und mit etwas größerer Nahtzugabe nochmals nähen.

18. Mit dem Schrägstreifen, der in Schritt 2 der Vorbereitungen zugeschnitten wurde, die unversäuberte Futternaht am Taschenende einfassen. Dadurch wird das Futter versäubert und die Naht hält gut. Das Schrägband links auf links zur Hälfte falten, über die Nahtzugabe schieben, sodass die

15 Seitenteil

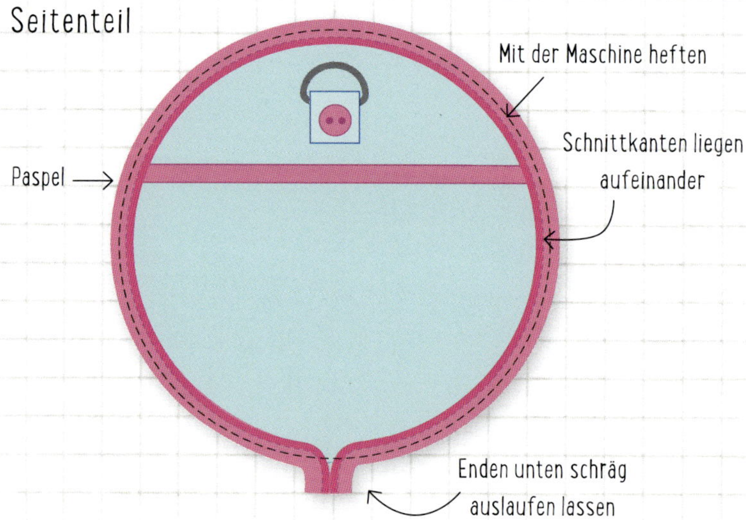

unversäuberte Kante umschlossen ist. Stecken oder heften, dann feststeppen. Das Ende des Schrägstreifens abschneiden und so einschlagen, dass es den Anfang des Schrägbandes leicht überlappt. Mit den letzten Stichen der Stepplinie festnähen.

19. Den Reißverschluss zur Hälfte öffnen und Schritt 16–18 an der anderen Seite wiederholen. Beim Heften darauf achten, dass die Seiten des Reißverschlusses genau zusammentreffen.

20. Einen verstärkten und einen unverstärkten Streifen für den Griff rechts auf rechts aufeinanderlegen. Alle vier Kanten zusammennähen, aber in einer Längsseite eine 5–7,5 cm lange Öffnung zum Wenden lassen. Die Nahtzugaben an den Ecken schräg abschneiden, wenden (siehe „Griffe wenden", Seite 114) und bügeln. Alle vier Kanten absteppen. Den Griff der Länge nach zur Hälfte falten und zusammensteppen, dabei 9 cm Abstand zu beiden Enden einhalten. Gesteppt wird in der vorherigen Stepplinie. Die Enden durch die D-Ringe schieben, ca. 2,5 cm einschlagen und feststeppen. Den zweiten Griff ebenso anbringen.

21. Die beiden verstärkten Streifen haben an einem Ende einen 5 mm breiten, unverstärkten Rand. Diese Enden zusammennähen. Die Nahtzugaben auseinanderbügeln. Die beiden unverstärkten Streifen ebenfalls an den Schmalseiten zusammennähen und die Nahtzugaben auseinanderbügeln.

22. Die beiden Streifen rechts auf rechts aufeinanderlegen und alle Kanten zusammennähen, aber an einer Längsseite eine 7,5–10 cm lange Öffnung zum Wenden lassen. Die Nahtzugaben an den Ecken schräg abschneiden, wenden und bügeln (siehe „Griffe wenden", Seite 114). Alle vier Kanten absteppen. Ein Ende des Schultergurts am Gurtversteller montieren, dann die beiden Karabinerhaken mit Wirbel anbringen. Danach kann der Gurt in die D-Ringe an den Seitenteilen eingehängt werden.

Wenn die Tasche häufig benutzt wird, sollte sie mit Imprägnierspray behandelt werden, damit sie lange frisch aussieht.

TECHNIKEN

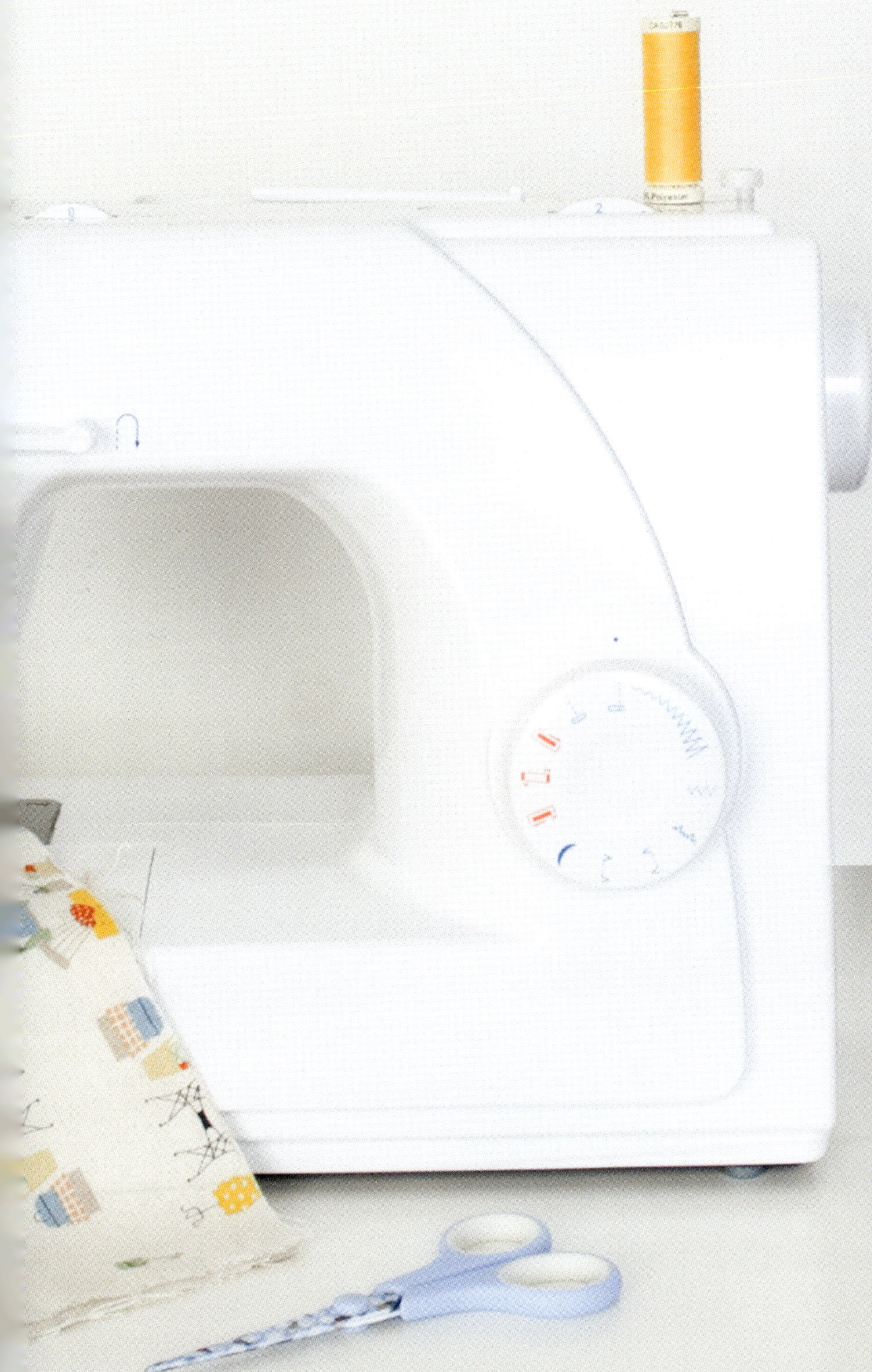

Nützliche Stiche

Für die Projekte in diesem Buch müssen Sie nur drei Grundstiche kennen: den Steppstich, den Heftstich (oder Vorstich) und den Leiterstich. Wie sie gearbeitet werden, lesen Sie hier.

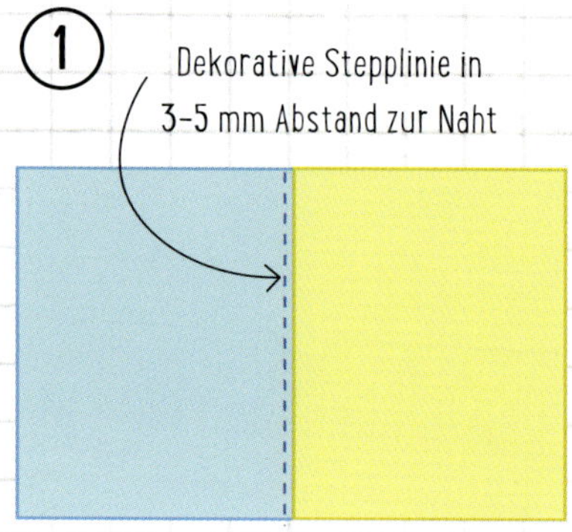

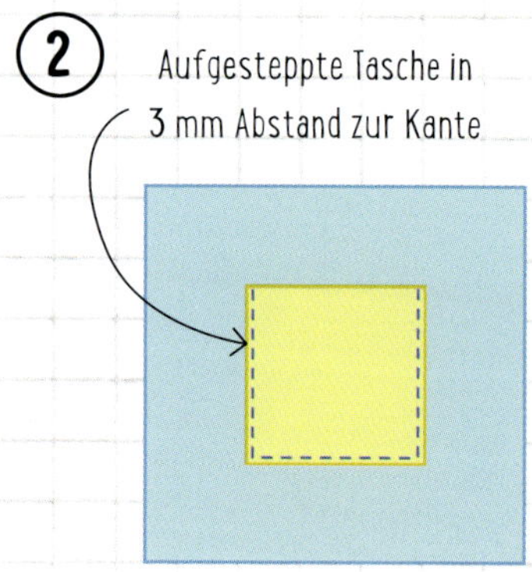

STEPPSTICH

Der Steppstich ist der gerade Stich der Nähmaschine. Er dient zum Aufnähen von Taschen und anderen Elementen, aber auch zur Dekoration.

1. Zum dekorativen Absteppen wird einfach eine Reihe gerader Stiche entlang einer Naht oder einer Kante genäht (siehe Abbildung rechts). Ich empfehle, dabei einen gleichmäßigen Abstand von 3–5 mm zur Naht oder Kante einzuhalten.

2. Soll eine Tasche oder ein anderes Detail aufgesteppt werden, wird es zunächst auf den vorgesehenen Untergrund geheftet. Dabei liegen beide Teile mit der rechten Stoffseite nach oben. Nun mit der Maschine mit geraden Stichen dicht an allen Kanten entlangnähen, die befestigt werden sollen. Der Abstand zur Kante sollte etwa 3 mm betragen.

HEFTSTICH

Dieser Stich ist die Versicherungspolice des Schneiders. Wenn Sie sicher sein wollen, dass Nähte akkurat ausfallen – vor allem bei komplizierteren Teilen –, sollten sie vor dem Nähen mit der Maschine geheftet werden. Bei einfachen, geraden Nähten genügt es oft, sie festzustecken.

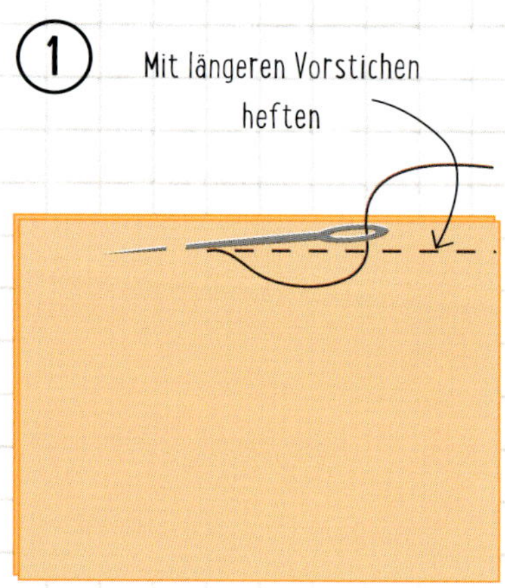

1. Um zwei Teile zusammenzuheften, werden sie gemäß Nähanleitung aufeinandergelegt. Wichtig ist, die Kanten und/oder Markierungen exakt auszurichten. Garn – am besten in einer Farbe, die sich gut vom Stoff abhebt – in eine Nähnadel einfädeln und die Naht mit mittleren bis großen Vorstichen nähen (siehe Abbildung rechts). Sie können den Faden am Anfang und Ende der Heftnaht mit einem Knoten sichern.

2. Die geheftete Naht wird nun mit der Maschine genäht. Danach werden die Heftfäden wieder entfernt.

LEITERSTICH

Der Leiterstich eignet sich hervorragend, um Nahtöffnungen von Hand nahezu unsichtbar zu schließen. Schneller geht es mit der Maschine oder von Hand mit überwendlichen Stichen, aber weil der Leiterstich besonders sauber und professionell aussieht, lohnt es sich, ihn zu üben.

1. Die Öffnung in der Naht des Futters wird von der rechten Stoffseite geschlossen. Wichtig ist, die Nahtzugaben vorher sorgfältig nach links umzubügeln. Falls die Stelle mit einem Bügeleisen schwierig zu erreichen ist, können Sie die Kanten auch mit dem Fingernagel scharf kniffen.

2. An einem Ende der Öffnung beginnen, der Knoten im Fadenende liegt versteckt auf der linken Stoffseite. Einen kleinen Stich direkt im Kniff der Nahtzugabe nähen.

3. Mit einem kleinen Stich zur gegenüberliegenden Seite wechseln. Genau gegenüber der Ausstichsstelle auf der ersten Seite in die andere Kante einstechen. Auch dort einen kleinen Stich im Kniff der Nahtzugabe arbeiten.

4. Von Stich zu Stich die Seiten wechseln. Die Stiche bilden dabei ein Muster, das an die Sprossen einer Leiter erinnert (siehe Abbildung rechts). Nach vier bis fünf Stichen den Faden festziehen, damit sich die Lücke zwischen den beiden Seiten der Öffnung sauber schließt.

5. Fortlaufend wiederholen und jeweils nach vier bis fünf Stichen den Faden festziehen, bis die Lücke ganz geschlossen ist.

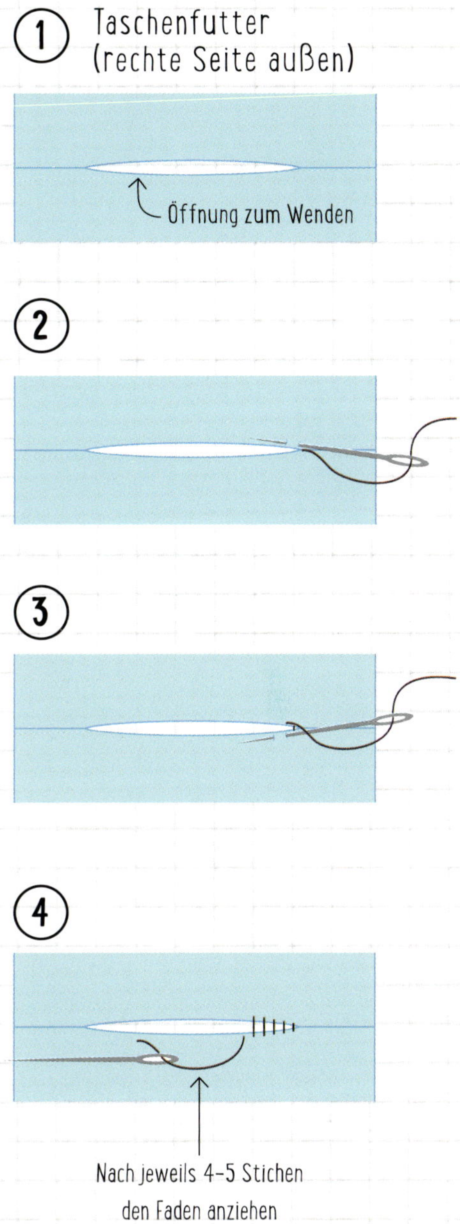

Paspel

Eine Paspel ist eine wunderbar professionelle Abschlusskante für Taschen und andere genähte Werkstücke. Viele Menschen glauben, dass die Technik sehr schwierig ist, dabei ist es gar nicht so kompliziert. Probieren Sie es einfach aus.

1. Für die Paspel brauchen Sie einen Streifen Stoff, der im schrägen Fadenlauf zugeschnitten ist. Sie können Schrägband fertig kaufen und – falls es vorgefalzt ist – glatt bügeln. Sie können die Streifen aber auch selbst zuschneiden. Die Breite des Stoffstreifens entspricht dem doppelten Kordeldurchmesser zuzüglich der doppelten Nahtzugabe.
Wenn Sie also eine Kordel mit 5 mm Durchmesser verwenden und eine Nahtzugabe von 5 mm vorgesehen ist, müsste der Stoffstreifen 2 cm breit sein. Ich gebe zur Sicherheit immer etwas zu, denn der Streifen lässt sich später ja zurechtschneiden. Deshalb würde ich in diesem Fall Schrägstreifen von 3 cm Breite zuschneiden.

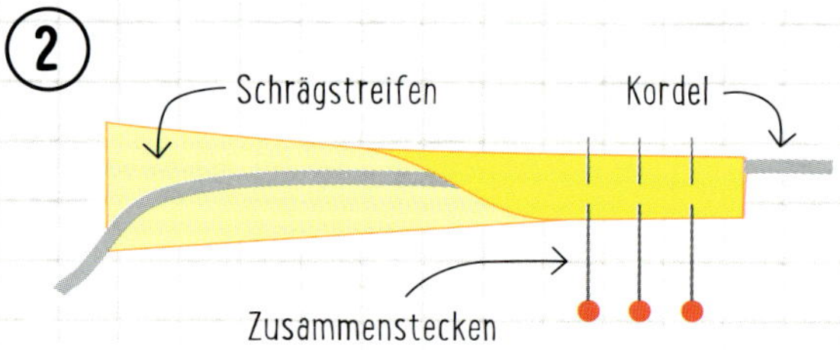

2. Die Kordel in die Mitte des Schrägstreifens legen. Nun an einem Ende beginnend den Schrägstreifen doppelt falten, sodass die Kordel umschlossen wird. Den Streifen zusammenstecken.

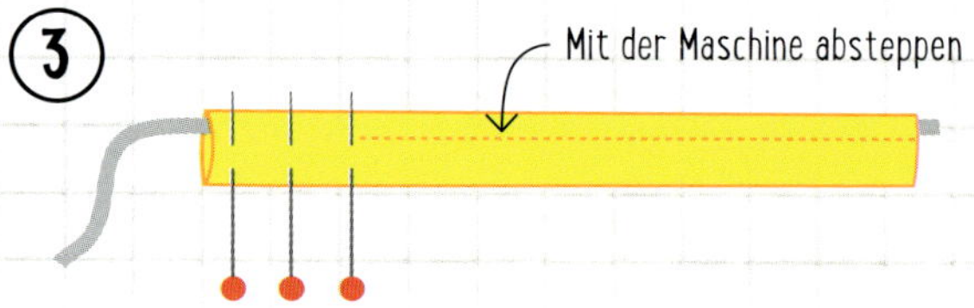

3. Den Reißverschlussfuß in die Nähmaschine einsetzen und Garn in der Farbe des Paspelstoffs einfädeln. An einem Ende beginnen und den Schrägstreifen möglichst dicht an der Kordel zusammennähen. Danach können Sie die vorbereitete Paspel in Ihrem Modell weiterverarbeiten.

Magnetverschlüsse einsetzen

Magnetverschlüsse sind praktisch, weil sie sich problemlos und schnell öffnen und schließen lassen. Außerdem sind sie ganz einfach einzusetzen. Ich setze diese Verschlüsse meist erst in einem der letzten Arbeitsschritte ein, wenn alle Nähte geschlossen sind. Dadurch kann ich sicher sein, dass die Hälften genau zusammenpassen und die Tasche schön glatt liegt.

---

1. Auf dem Futterstoff anzeichnen, wo das Unterteil des Verschlusses sitzen soll. Dazu die Unterlegscheibe des Verschlussteils auflegen und in den länglichen Öffnungen Striche anzeichnen.

2. Nun an jeder der beiden Markierungen mit dem Nahttrenner einen kleinen Schlitz in den Stoff schneiden. Die Schlitze sollten schmaler sein als die Zungen des Verschlusses. Sind sie zu groß, sitzt der Verschluss später zu locker im Stoff.

3. Die Zungen des Verschlusses durch diese Schlitze schieben. Sie sind etwas breiter als die Schlitze – das ist beabsichtigt. Einfach durchschieben und der Stoff sitzt schön stramm darauf. Wenn der Stoff, in den Sie den Verschluss einsetzen, mit einer Vlieseinlage verstärkt ist, können Sie nun die Scheibe über die Zungen schieben und dann die Zungen nach außen biegen, um das Verschlussteil zu befestigen. Ist der Stoff unverstärkt, sollten Sie ein Stück Vlies von 4 x 4 cm zuschneiden, auf der Rückseite des Stoffs über die Zungen schieben und dann die Scheibe aufsetzen. Dadurch wird der Stoff verstärkt und geschützt.

4. Jetzt die Tasche schließen, damit die vorderen und hinteren Kanten exakt aufeinanderliegen. Den Vorsprung der bereits montierten Hälfte des Magnetverschlusses kräftig gegen den Stoff der Gegenseite drücken. Dadurch entsteht eine kleine Vertiefung. Sie markiert die Position der Oberseite des Magnetverschlusses. Dieser wird so montiert, wie in Schritt 1–3 beschrieben.

① Futterstoff (rechte Seite)

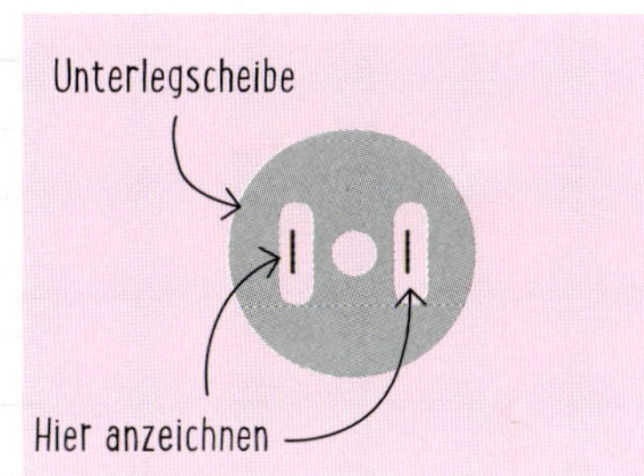

③ Futterstoff (linke Seite)

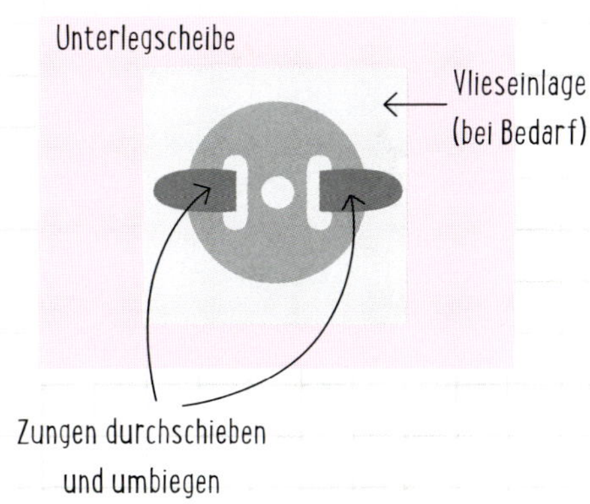

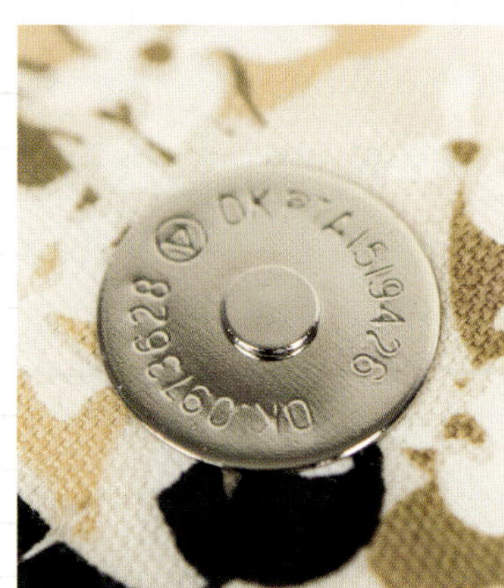

Griffe wenden

Zum Wenden von Schläuchen, die für Griffe oder Tragegurte genäht werden, gibt es zwei Methoden. Durch ein offenes Ende wendet man in der Regel Griffe, deren Enden später in einer Naht mitgefasst werden. Das Wenden durch eine Öffnung in der Seitennaht empfiehlt sich für Griffe oder Gurte, deren Enden sichtbar aufgenäht werden.

WENDEN DURCH DAS ENDE

Bei manchen Projekten in diesem Buch werden die Stoffstreifen für den Griff an drei Seiten zusammengenäht. Nur eine Schmalseite bleibt zum Wenden offen. Zum Durchschieben des Stoffs brauchen Sie ein langes, schmales Werkzeug, zum Beispiel ein Essstäbchen oder einen Pinsel.

1. Die Stoffstreifen gemäß Anleitung an drei Seiten zusammennähen. Am zugenähten Ende die Nahtzugaben an den Ecken schräg abschneiden.

2. Die zugenähte Schmalseite mit dem langen, schmalen Werkzeug in den genähten Tunnel drücken und langsam durchschieben. In den meisten Fällen muss der Stoffschlauch auf dem Werkzeug zusammengeschoben werden, bis es aus dem offenen Ende herausschaut. Dann können Sie das zusammengenähte Ende erfassen und den Stoff von Hand ganz durchziehen.

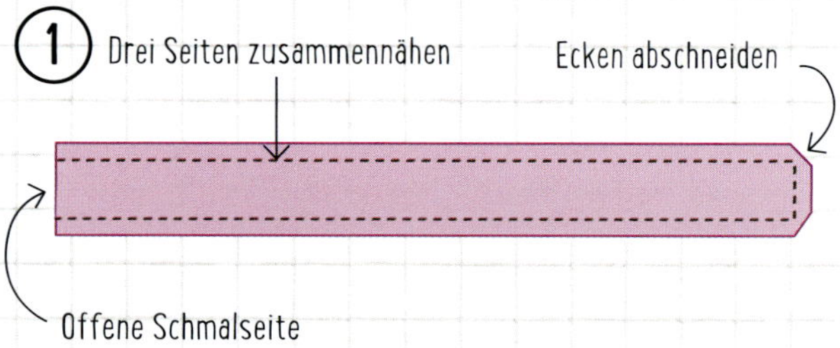

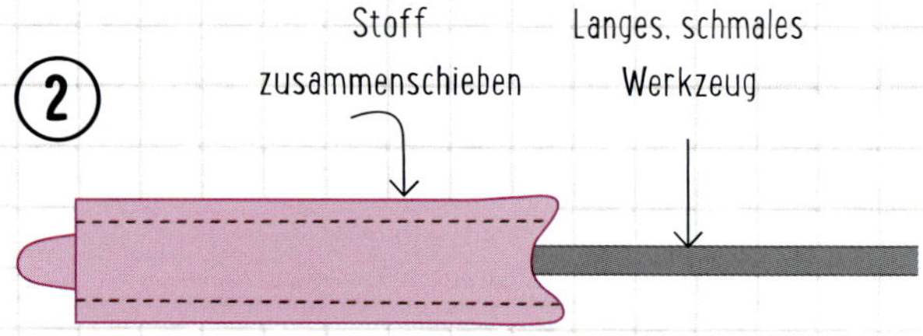

WENDEN DURCH EINE NAHTÖFFNUNG

Wenn beide Enden des Griffs sichtbar aufgenäht werden sollen, müssen sie sauber verarbeitet werden. In diesem Fall ist es ratsam, den Stoffschlauch durch eine Öffnung in einer Seitennaht zu wenden.

1. Die Stoffstreifen für den Griff an allen vier Seiten zusammennähen, aber an einer Längsseite eine Öffnung in der angegebenen Länge lassen. Die Nahtzugaben an allen vier Ecken schräg abschneiden.

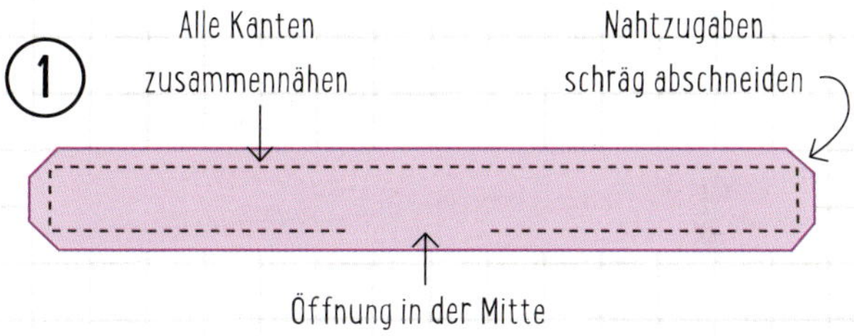

2. Mit einem langen, schmalen Werkzeug (zum Beispiel einem Essstäbchen) ein Ende des Stoffschlauchs eindrücken und in den Tunnel schieben. Eventuell muss dabei der Stoff auf dem Werkzeug zusammengeschoben werden. Wenn die Öffnung in der Naht erreicht ist, können Sie das Ende von Hand ganz herausziehen. Das andere Ende des Stoffschlauchs ebenso durchziehen.

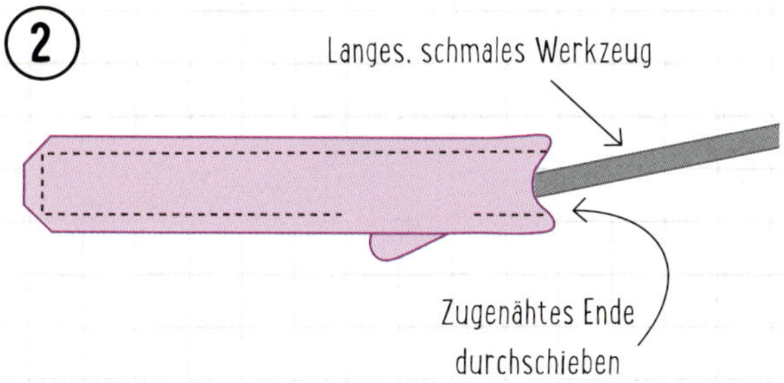

Verstellbare Tragegurte

Längere Schultergurte für große Taschen sollten sich in der Länge verstellen lassen, um sie der Größe des Benutzers und dem Tragestil anzupassen.

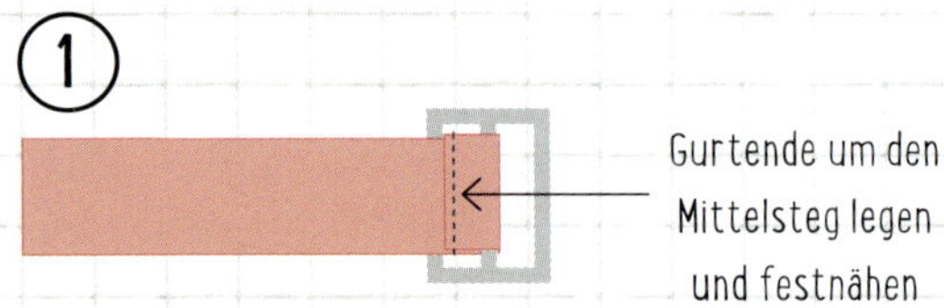

1. Ein Ende des fertigen Schultergurtes um den mittleren Steg des Gurtverstellers legen und etwa 2,5 cm umfalten. Der Versteller liegt nun in der Schlinge. Das Gurtende feststeppen.

2. Das freie Ende des Gurts zuerst von innen nach außen durch einen Ring an einer Seite der Tasche ziehen. Den Gurt umfalten, sodass der Ring in der Schlaufe liegt. Dann das freie Ende unter den beiden freien Stegen des Gurtverstellers durchschieben (siehe Abbildung rechts).

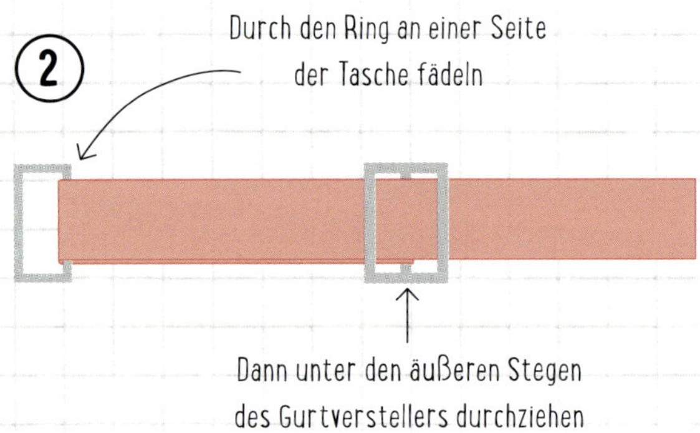

3. Nun das freie Ende von außen nach innen durch den Ring an der anderen Seite der Tasche ziehen und umfalten. Der Ring liegt in der Schlaufe. Das umgefaltete Ende des Gurts feststeppen. Jetzt kann der Gurt auf die gewünschte Länge eingestellt werden.

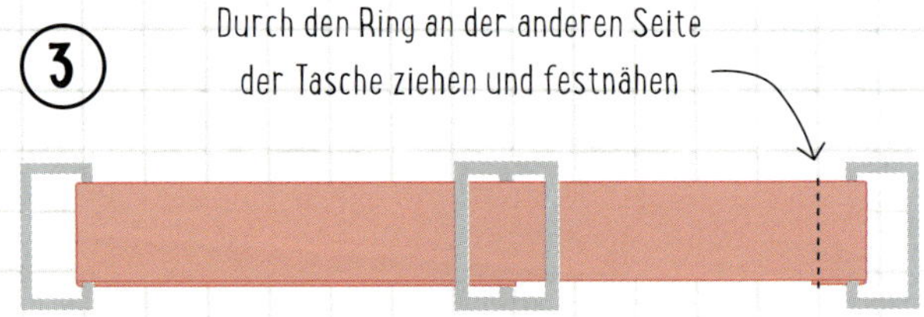

Abnäher

Einige Taschen in diesem Buch werden durch kleine Abnäher in eine runde oder bauchige Form gebracht.

1. Das zugeschnittene Teil, in das ein Abnäher genäht werden soll, zur Hand nehmen.

2. Das Teil rechts auf rechts so falten, dass der Bruch genau durch den Abnäher verläuft. Die unversäuberten Schnittkanten des Abnähers liegen also aufeinander.

3. Die Schnittkanten mit der Maschine zusammennähen und die kurze Naht schräg zum Bruch hin auslaufen lassen.

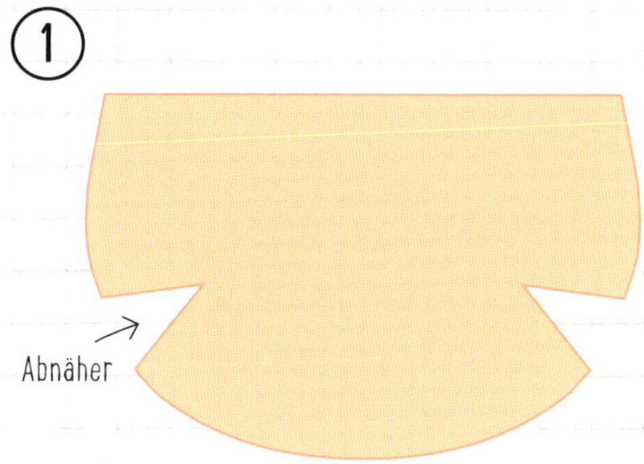

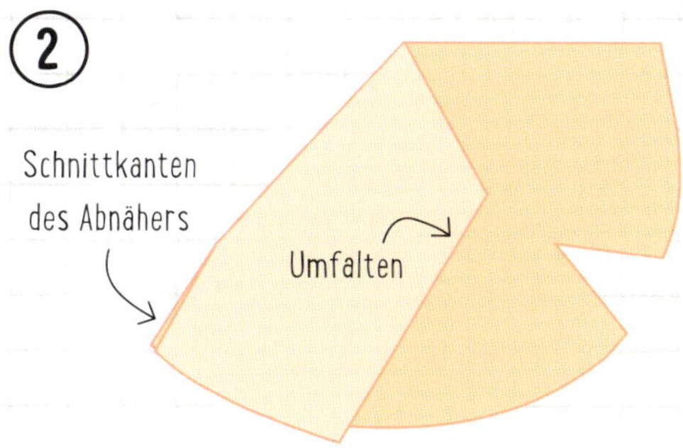

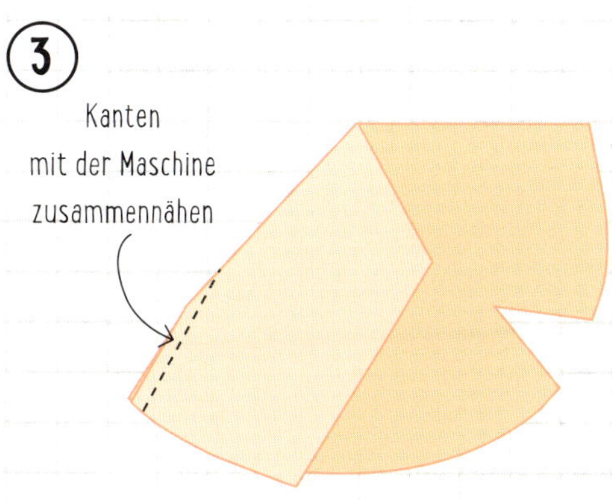

Reißverschlüsse kürzen

Ich verarbeite gern Reißverschlüsse, die etwas zu lang sind. Beim Kürzen fallen die weniger ansehnlichen Endstücke weg. Es ist sehr wichtig, die „neuen" Enden des Reißverschlusses sorgfältig zu sichern.

1. Den Stoff gemäß Anleitung an die Trägerbänder des Reißverschlusses nähen, sodass dieser an beiden Seiten übersteht.

2. Den Reißverschluss ein Stück öffnen – der Schlitten muss zwischen den Stoffkanten liegen. Mit der Nähmaschine oder von Hand etwa 3 mm innerhalb der Stoffkante mehrmals über die Zähne des Reißverschlusses hin- und hernähen. Diese Stiche übernehmen die Funktion der Metallstopper am ungekürzten Reißverschluss.

3. Jetzt können die Enden des Reißverschlusses auf Höhe der Stoffkanten abgeschnitten werden.

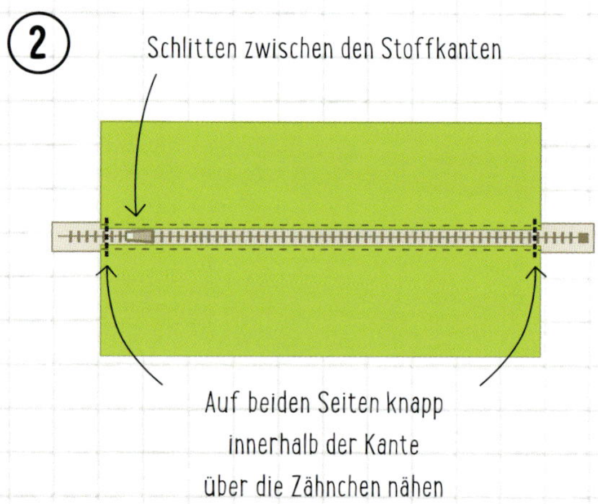

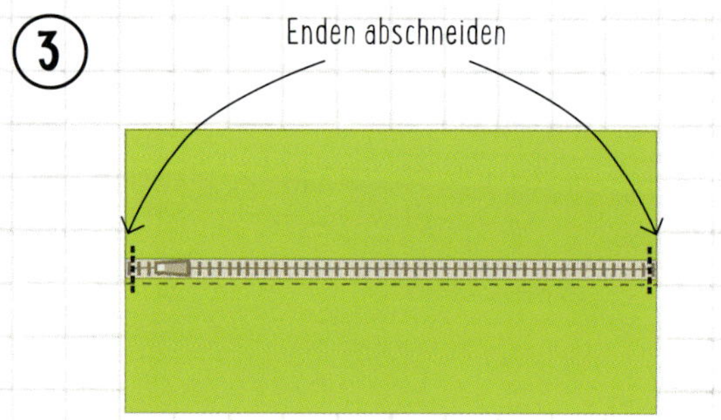

Einfassungen

Eine Einfassung sieht dekorativ aus und ist eine gute Möglichkeit, um Stoffkanten zu versäubern und gleichzeitig zu verstärken. Für gerade Kanten verwende ich meist angesteppte Einfassungen, weil mir das Aussehen gefällt und weil diese Methode schneller und einfacher geht als das traditionelle Einfassen mit einem fortlaufenden Schrägstreifen.

1. Den Streifen links auf links zur Hälfte bügeln. Öffnen, die Schnittkanten an den Mittelbruch legen und wieder bügeln. Danach den Streifen erneut zur Hälfte falten. Seine Stoffkanten liegen nun innen. Wichtig ist, dass er auf ganzer Länge eine einheitliche Breite hat.
Die Kante, die eingefasst werden soll, bis an den Bruch zwischen die Lagen der gefalteten Einfassung schieben.

2. Den Streifen für die Einfassung in dieser Position feststecken oder -heften. Dabei kontrollieren, ob er auch auf der Rückseite den Hauptstoff in der gewünschten Breite abdeckt. Danach den Streifen in 3 mm Abstand zu seiner Bruchkante feststeppen.

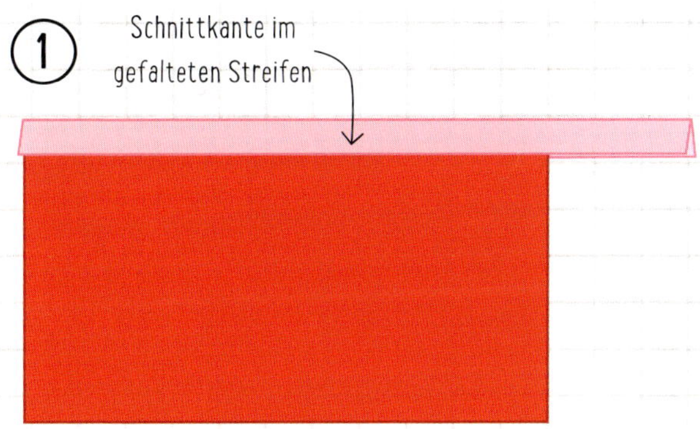

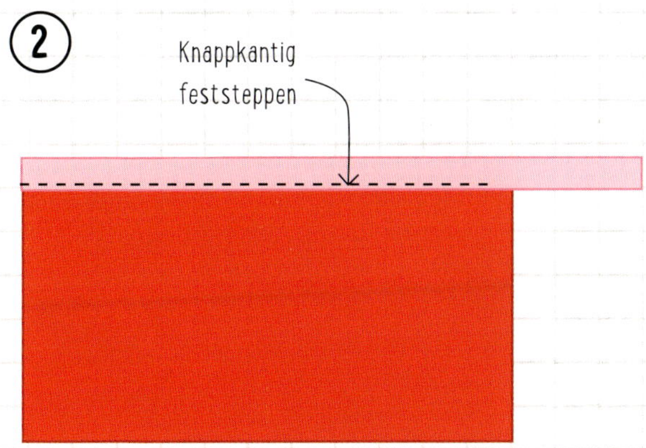

Briefecken

Es kommt vor, dass eine Einfassung um Ecken geführt werden muss. In diesem Fall wird der Einfassungsstreifen zu Briefecken gelegt. Je nach Befestigungsmethode gibt es dabei zwei Vorgehensweisen. Briefecken in traditionellen Schrägstreifen kommen bei der Clutch (Seite 24) zum Einsatz. Bei der Wickeltasche (Seite 60) können Sie sich an gesteppten Briefecken versuchen.

BRIEFECKEN IN TRADITIONELLEN SCHRÄGSTREIFEN

Verwenden Sie Schrägstreifen, muss die Einfassung erst an die Vorderseite der Tasche gesteppt werden, wobei gleich die Vorderseite der Briefecke gearbeitet wird. Die Rückseite der Briefecke wird dann von Hand genäht.

1. Die Einfassung ungefaltet rechts auf rechts an die Kante des Werkstücks nähen. Kurz vor der Ecke anhalten – der Abstand zum Ende entspricht der Nahtzugabe. Das Nahtende mit einigen Rückstichen verriegeln.

2. Das lose Ende des Schrägstreifens nach oben falten. Es liegt jetzt in einer Flucht mit der nächsten Kante, die eingefasst werden soll.

3. Nun den Streifen so falten, dass er an der nächsten Kante anliegt. Die neue Naht beginnt nicht direkt an der Kante, sondern wieder in einem Abstand, der der Nahtzugabe entspricht.

4. Auf der Vorderseite ist die Briefecke nun fertig. Später wird der Schrägstreifen um die Kante des Werkstücks gelegt und auf dessen linker Stoffseite von Hand mit Leiterstichen (siehe „Nützliche Stiche", Seite 110/111) festgenäht. Dabei werden auch die schräg verlaufenden Fältchen, die sich fast von selbst in die Einfassung legen, mit einigen unauffälligen Stichen fixiert.

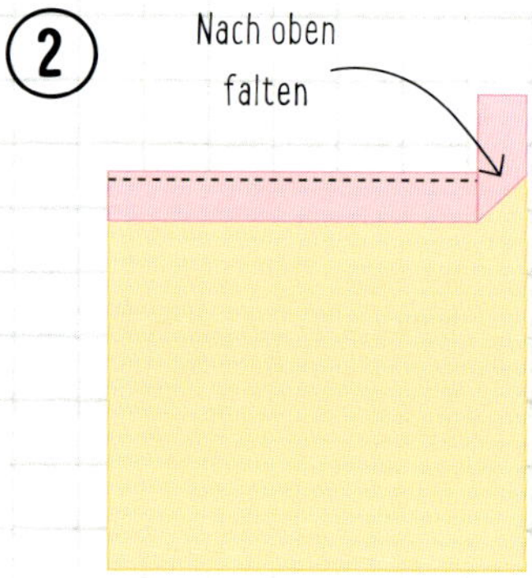

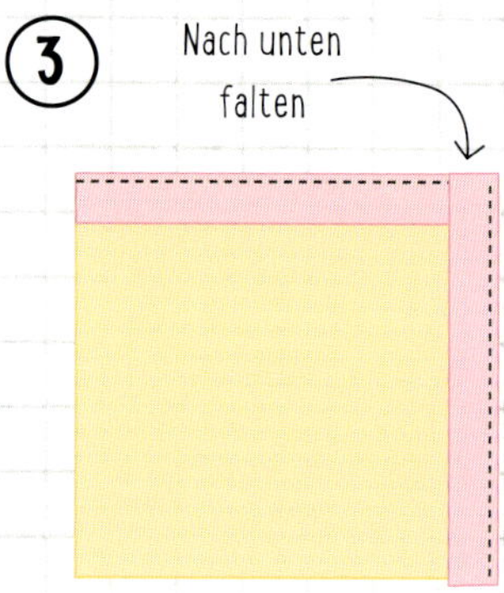

BRIEFECKEN IN ANGESTEPPTEN EINFASSUNGEN

Bei angesteppten Einfassungen werden Vorder- und Rückseite des Streifens in einem Arbeitsgang festgenäht. Die Briefecken müssen also vorher gefaltet und festgesteckt oder festgeheftet werden.

1. Die Einfassung über die zu versäubernde Stoffkante legen und diese bis an den Bruch schieben. Knappkantig bis zur ersten Ecke feststeppen.

2. Das Werkstück unter der Maschine herausnehmen. Den Streifen so falten, dass sein Bruch an der zweiten Kante anliegt. Dabei bildet sich automatisch an der Faltstelle ein kleines Dreieck, das eventuell etwas in Form gezupft oder glatt gestrichen werden muss.

3. Die andere Seite der Einfassung zur linken Seite des Werkstücks umfalten, sodass dessen Kante wieder im Bruch liegt. Auch dabei das kleine Dreieck in Form zupfen. Die nächste Kante steppen, dabei direkt an der Briefecke beginnen, um die Fältchen zu fixieren.

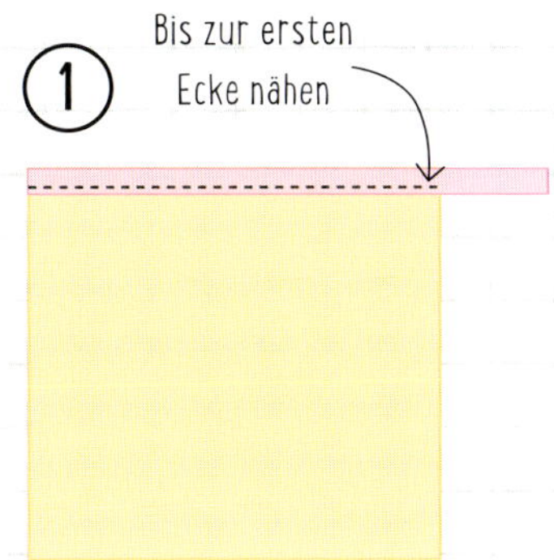

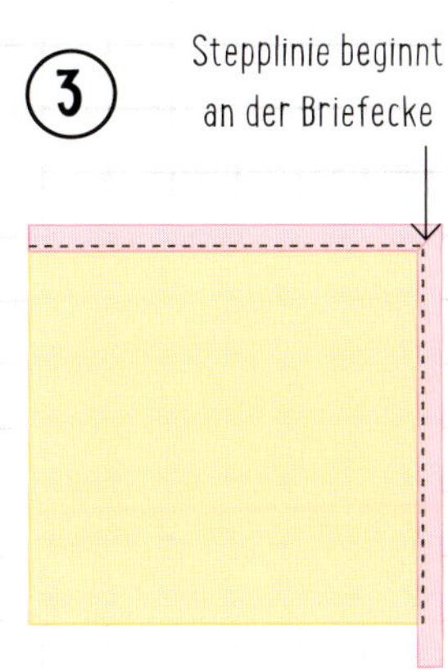

Ecken nähen

Wenn Sie zwei Vierecke zusammennähen, erhalten Sie eine ganz flache Tasche. Für manche Zwecke mag das genügen, aber in den meisten Fällen wünscht man sich eine Tasche mit einem breiteren Boden, weil mehr hineinpasst. Zu diesem Zweck müssen die unteren Ecken auf besondere Weise verarbeitet werden. In diesem Buch kommen zwei Methoden zum Einsatz: abgenähte Ecken wie bei der Messenger Bag und eingezogene Ecken wie bei der Wickeltasche.

ABGENÄHTE ECKEN

Dies ist die gängige Methode, die sich für die meisten Taschen eignet. Zuerst werden Vorder- und Rückseite zusammengenäht. Um dann das nötige Volumen zu schaffen, werden die Ecken abgenäht.

1. Nach dem Zusammennähen von Vorder- und Rückseite sind die unteren Ecken flach und rechtwinklig (siehe Abbildung rechts).

2. Die Tasche auf links drehen, öffnen und so falten, dass die Seitennaht genau auf der Bodennaht liegt. Dadurch bildet sich ein Dreieck, dessen Spitze die ursprüngliche untere Ecke der Tasche ist (siehe Abbildung rechts).

3. An der Stelle, an der das Dreieck die in der Anleitung angegebene Breite hat, einen Strich ziehen. Im Beispiel rechts wird diese Markierung bei einer Breite von 5 cm eingezeichnet.

4. Mit der Maschine exakt auf dieser Markierungslinie steppen, danach den überschüssigen Stoffzipfel etwa 5 mm (Breite der Nahtzugabe) außerhalb der Stepplinie abschneiden.

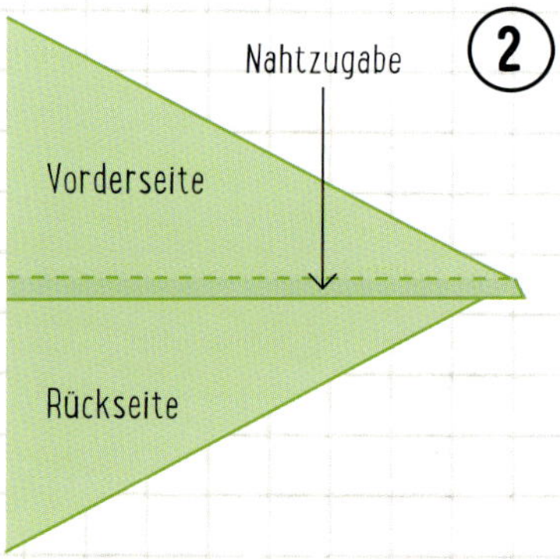

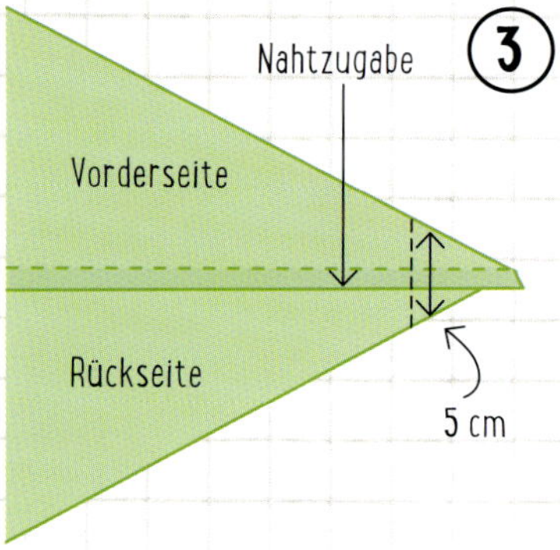

EINGEZOGENE ECKEN

Diese Ecken sind im Schnittmuster an einem eckigen Ausschnitt zu erkennen. Sie sind ideal für Taschen, bei denen in der Bodennaht noch etwas mitgefasst werden soll, wie bei der Wickeltasche. Bei dieser Methode entsteht ein sehr akkurater, eckiger Boden und bei Patchworkmodellen wie den beiden Picknicktaschen vermeiden Sie Verschnitt.

1. Nach dem Zusammennähen der Seiten- und Unterkanten von Vorder- und Rückseite der Tasche sind die unteren Ecken noch offen (siehe Abbildung rechts).

2. Die Tasche auf links drehen, öffnen und so falten, dass die Seitennaht rechts auf rechts genau auf der Bodennaht liegt. Die offenen Kanten der Ecken liegen ebenfalls aufeinander und stehen im rechten Winkel zu den Nähten.

3. Nochmals prüfen, ob Nähte und Kanten ganz exakt ausgerichtet sind. Dann die offenen Kanten einfach mit 5 mm Nahtzugabe zusammensteppen – fertig ist die Ecke.

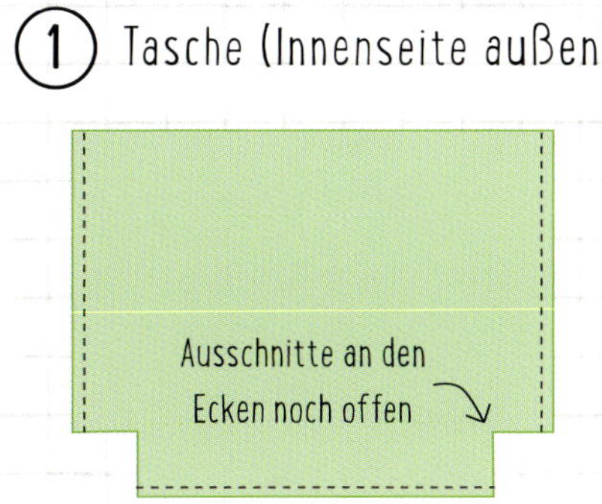

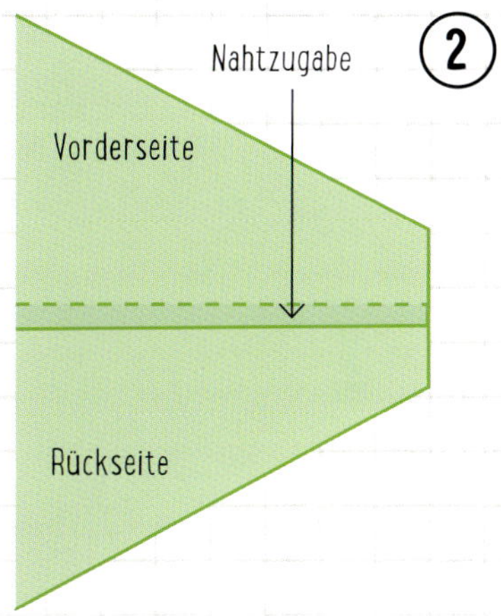

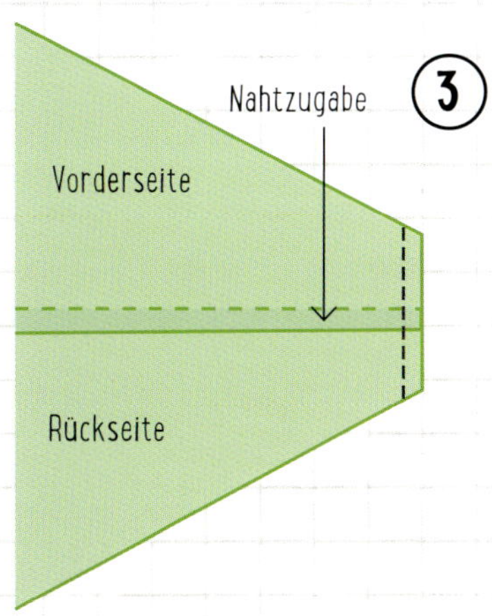

HERSTELLERVERZEICHNIS

STOFFE, VLIESE, FÜLLMATERIALIEN

Freudenberg Interlining SE & Co.KG, Weinheim
www.vlieseline.de

Kurt Frowein GmbH & Co. KG, Wuppertal,
www.kurtfrowein.de

Stoffe Brünink & Hemmers GmbH, Nordhorn,
www.stoffehemmers.de

Westfalenstoffe AG, Münster,
www.westfalenstoffe.de

Zweigart & Sawitzki, Sindelfingen
www.zweigart.de

KNÖPFE

Dill Buttons, Bärnau,
www.dillbuttons.com

Union Knopf GmbH, Bielefeld,
www.unionknopf.com

KURZWAREN, TASCHENZUBEHÖR

(RINGE, GURTVERSTELLER/SCHNALLEN, GRIFFE, VERSCHLÜSSE)

Buttinette TextilVersandhaus GmbH, Wertingen,
www.buttinette.de

Rayher Hobby GmbH, Laupheim,
www.rayherhobby.de

Prym-Consumer GmbH, Stolberg,
www.prym-consumer.com

Gütermann AG + Gütermann Sulky, Gutach/Breisgau,
www.guetermann.com

DANK

Zuerst möchte ich allen danken, die dieses Buch gekauft haben und damit Anteil an dem Abenteuer „Melly & Me" nehmen. Ich kann mich wirklich glücklich schätzen, dass ich so einen kreativen Beruf ausüben und meine Ideen mit vielen Gleichgesinnten teilen kann.

Vielen Dank an die Mitarbeiter von David & Charles, die mir ermöglicht haben, ein weiteres Buch zu veröffentlichen. Die Zusammenarbeit mit euch ist ein Vergnügen.

Besonderer Dank geht an mein großartiges Team von „Test-Schneiderinnen", die alle Projekte mit großer Begeisterung erprobt und mir von ihren Erfahrungen bei der Umsetzung berichtet haben. Ihr Mädels spielt eine so wichtige Rolle für dieses Buch – ohne euch hätte ich es nicht geschafft.

Auch bei meiner Familie möchte ich mich bedanken, die meine kreativen Ideen immer unterstützt und mich ermutigt. Danke, dass ihr meinen endlosen (manchmal allzu aufgeregten) Monologen zugehört habt und dass ihr mir immer Mut gemacht habt, auch meine verrücktesten Träume umzusetzen.

DIE AUTORIN

Melanie McNeice ist Schnittmusterdesignerin und lebt in einem grünen Vorort der australischen Stadt Melbourne. Das Nähen hat sie allerdings erst vor neun Jahren für sich entdeckt, als sie während der Elternzeit etwas Kreatives schaffen wollte. Ihre Schwester schlug ihr vor, es mit der Schneiderei zu versuchen, und nur zwölf Monate nach ihren ersten Nähversuchen brachte Melly unter dem Label „Melly & Me" ihre ersten eigenen Entwürfe auf den Markt.

Melly entwirft zeitgemäße Schnittmuster für witziges Spielzeug, trendige Taschen und moderne Quilts. Sie legt Wert darauf, dass ihre Modelle originell, lustig und vor allem absolut alltagstauglich sind. Viele sind einfach nachzuarbeiten und in einem Tag fertig.

Melly & Me hat sich schnell eine internationale Anhängerschar erobert. Inzwischen hat Melly mehr als 90 Modelle entworfen und drei Bücher veröffentlicht. Außerdem bietet sie in ganz Australien Kurse und Workshops an. Seit 2010 beschäftigt sie sich außerdem mit dem Design von Stoffen und hat seitdem fünf Kollektionen auf den Markt gebracht.

Ihre wichtigsten Ideengeber sind ihre beiden kleinen Kinder, aber sie bezieht auch Inspirationen aus eigenen Kindheitserinnerungen, aus der Schönheit der Natur und ihrer Freude an lustigen, farbenfrohen Dingen. Eine Auswahl weiterer Designs ist auf ihrer Website zu sehen: www.mellyandme.com.

REGISTER

Erstveröffentlichung in Großbritannien 2014 unter dem Titel „Sew Cute to Carry"
bei David & Charles, einem Imprint der
F&W Media International, Ltd.
Brunel House
Newton Abbot, TQ12 4PU

ISBN 978-3-8410-6334-2
Art.-Nr. 6334

Übersetzung: Wiebke Krabbe
Lektorat: Regina Sidabras
Covergestaltung und Satz: GrafikwerkFreiburg

Printed in China